Sonja Schippel



# Diktate für das 3. Schuljahr

## Übungstexte, Arbeitsblätter, Lernkontrollen

R. Oldenbourg Verlag München

PRÖGEL PRAXIS: UNTERRICHTSMATERIAL 19

Die Deutsche Bibliothek – CIP-Einheitsaufnahme

**Schippel, Sonja:**
Diktate für das 3. Schuljahr : Übungstexte, Arbeitsblätter, Lernkontrollen ; [Kopiervorlagen] / Sonja Schippel, – 1., gemäß der Rechtschreibreform korr., überarb. Aufl.
– München : Oldenbourg, 1997
(Prögel-Praxis : Unterrichtsmaterial ; 19)
ISBN 3-486-98738-0
NE: Prögel-Praxis / Unterrichtsmaterial



1., gemäß der Rechtschreibreform korrigierte, überarbeitete Auflage 1997
Lektorat: Sylvia Bernard-Dronia, Stefanie Fischer
Herstellung: Fredi Grosser
Grafiken: Christine Jantsch, München
Umschlagzeichnung: Christine Jantsch, München
Satz, Druck und Bindung: Greipel Offset, Haag i. OB
Umschlagkonzeption: Mendell & Oberer, München

ISBN 3-486-**98738**-0

# Inhaltsverzeichnis



# Diktate als Form der Leistungsmessung

Diktate stellen in unseren Grundschulen die häufigste Kontrollform des erreichten Standes im Rechtschreibunterricht dar. Über den Sinn oder Unsinn der Arbeit mit Diktaten gibt es mannigfaltige Diskussionen. In den neueren Lehrplänen wird der Begriff „Diktat“ abgeändert und als „Lernkontrolle“ bezeichnet: „Lernkontrollen sind mit didaktisch methodischer Sorgfalt in den Rechtschreibunterricht zu integrieren. Sie müssen organisch aus dem Lernprozess erwachsen. Die Anzahl der dafür verwendeten Wörter muss der Kontrollmethode und dem Schwierigkeitsgrad der Schreibung angepasst sein.“ (1)
Ist der Austausch der Begriffe „Diktat – Lernkontrolle“ nur eine Wortklauberei oder verbirgt sich mehr dahinter? Die Grundschule hat dem Diktatschreiben einen veränderten Stellenwert zugeordnet. Die bislang gehandhabte Diktatpraxis stellt eine lernpsychologisch ungünstige, didaktisch einseitige und sprachlich verarmte Handlungsweise dar. (2)

*Die veränderte Diktatpraxis*

Unsere bisherige Diktatpraxis wurde nur dem einen Ziel gerecht: der Kontrolle des Grundwortschatzes. Wie kann der Lehrer bei dieser veralteten Vorgehensweise die selbstständige Entwicklung von Fehlervermeidungsstrategien, die Fehlersensibilität, Selbstkontrollverfahren, den Umgang mit dem Wörterbuch und den derzeitigen Stand des aktuellen Sprachgebrauchs überprüfen? „Lernkontrollen“ sollten also komplexeren Charakter tragen als herkömmliche Diktate. Sie sollten auch der Überprüfung dessen dienen, inwieweit der Schüler in der Lage ist durch Analogiebildung auf neue Wörter schließen zu können und inwieweit die Fähigkeit des fehlerfreien Abschreibens neuer Wörter entwickelt ist. **Warwel** (1983) hebt ein bedeutendes Prinzip des Rechtschreibunterrichts hervor: „Der Schüler muss angehalten werden und jederzeit die Möglichkeit besitzen die Schreibung seiner Wörter im Wörterbuch, in der Wörter-Lernkartei oder mit anderen Hilfsmitteln zu überprüfen, um sofort eine Rückmeldung und Bestätigung zu erhalten.“
Schüler lernen nachhaltiger, wenn sie sich selbst unter Kontrolle nehmen. Im Verlaufe aller Schuljahre legen wir unseren Schülern ans Herz ein gesundes Gespür für das Geschriebene zu entwickeln und sich in Zweifelsfällen in Nachschlagewerken zu orientieren. In welchen Situationen haben Kinder die größten Zweifel, werfen sich die meisten Fragen auf? **Beim Diktatschreiben!** In der bisherigen Diktatpraxis war jedoch das Benutzen eines Wörterbuchs strikt untersagt. Für viele Kinder wäre demzufolge die kontinuierliche Arbeit mit Nachschlagewerken im Unterricht eine unnütze Beschäftigung, da sie im Ernstfall doch nicht eingesetzt werden darf. In unseren Deutschlehrplänen wird eindeutig verlangt die Technik des Nachschlagenkönnens auszubilden.
„Möglichkeiten der Kontrolle sollten ständig genutzt werden, insbesondere Selbst- und Partnerkontrollen.“

Als Lernziele für die Klasse 4 werden im Lehrplan ausgewiesen:
– Arbeit mit Wörterbüchern
– Verwenden der Legende des Wörterbuchs
– Üben von Verfahren zur Ausbildung von Fertigkei-

ten beim Aufsuchen von Zusammensetzungen und Flexionsformen
– Selbstständiges Verwenden des Wörterbuchs
Diese erbrachten Leistungen sollten auch in die Benotung einfließen und bei Lernkontrollen (Diktaten) erlaubt und bewertet werden. Unsere Kinder würden somit einen Sinn in der Arbeit mit dem Wörterbuch sehen, würden Erfolgserlebnisse verzeichnen. Das wirkt wiederum motivierend auf die Übungsarbeit.
Mit dem Verbot des Wörterbuches in Bedarfssituationen verschenken sich die Lehrer wertvolle pädagogische Momente!
Viele Diktatvorschläge ermöglichen lediglich eine Kontrolle des Wortschatzes. Der Lehrer sollte in jedem Fall mehr als nur diesen einen Aspekt kontrollieren. Aus diesem Grunde wird im folgenden Kapitel der Begriff „Diktat" nicht mehr verwendet, sondern als **„Lernkontrolle"** bezeichnet.

*Möglichkeit der komplexen Lernkontrolle*

In jedem Fall sollte der Lehrer bei der Auswahl der Wörter der Lernkontrolle sorgfältig prüfen, inwieweit diese bereits gefestigt wurden. Wörter des Grundwortschatzes einer Klassenstufe, die bis zum Zeitpunkt der Kontrolle noch nicht im Unterricht behandelt wurden, zählen als **neue** Wörter. In einigen Fällen werden inhaltliche oder sprachliche Veränderungen erforderlich sein, um der eigenen Klassensituation und dem aktiven Sprachgebrauch der Kinder gerecht zu werden.
Um den Überblick zu bekommen, welche Wörter bis zum Zeitpunkt der Kontrolle als gefestigt zählen, empfiehlt es sich, die in der jeweiligen Unterrichtsstunde erarbeiteten und geübten Lernwörter auf einer Karteikarte zu notieren. Das ist kein großer Zeitaufwand, und der Lehrer kann stets einsehen, welchen Grundwortschatz er als „Gerüst" für die Lernkontrolle voraussetzen kann.
Bei den empfohlenen Übungstexten und Lernkontrollen wurden die Lernwörter nochmals systematisiert. Das erleichtert dem Lehrer den Überblick.

Aspekte, die bei der Erstellung einer Lernkontrolle einfließen sollten:
- Kontrolle des Grundwortschatzes
- Kontrolle der geübten Fehlervermeidungsstrategien (Fehlersensibilität, Selbstkontrolle, Umgang mit dem Wörterbuch, Anwendung der erlernten Lösungsverfahren)
- Kontrolle der Technik des fehlerfreien Abschreibens neuer Wörter
- Kontrolle des aktuellen Sprachgebrauchs beim freien Schreiben

*Zum Textangebot der Übungstexte und der Reihenfolge der Lernkontrollen*

Der Rechtschreibunterricht in der Grundschule soll für motivierende Schreibanlässe sorgen und Themen aufgreifen, die die Kinder emotional ansprechen und mit denen sie sich identifizieren können. Die Lernwörter werden nicht isoliert betrachtet, sondern sind kontextbezogen. Die Textinhalte beziehen sich auf Situationen aus der Erfahrungswelt der Kinder. Bei manchen Texten wurde bewusst auf einen Schluss verzichtet, um die Fantasie anzuregen und zum Weitererzählen bzw. freien Schreiben zu motivieren. Die Texte enthalten erzieherische Momente, die der Lehrer nutzen kann.

Alle Übungstexte beinhalten eine ausgewiesene Anzahl an Lernwörtern, die dann in die Lernkontrolle einfließen. Das bedingt eine systematische Abhandlung der Übungstexte und Lernkontrollen. Hat der Lehrer einen Übungstext nicht in den Unterricht einbezogen, müssen die darin enthaltenen Lernwörter z. B. in Form eines Wortlistentrainings gefestigt werden, da dies das Fundament für die folgenden Übungstexte und Lernkontrollen darstellt. Durch eine Wellenlinie werden Übungswörter gekennzeichnet, die bereits in vorhergehenden Unterrichtseinheiten behandelt wurden. Der Lehrer sollte entsprechend des Leistungsniveaus seiner Klasse entscheiden, ob diese Wörter nochmals gefestigt werden müssen. Die Lernwörter werden nicht nach rechtschreiblichen Besonderheiten geordnet. Es kommt eher zu Fehlerhäufungen, wenn man Wörter, die sich bildlich oder klanglich ähneln, zeitgleich behandelt. Die Schüler werden dazu verleitet, die zur Zeit behandelte Rechtschreibbesonderheit auch in solche Wörter hineinzubringen, in denen sie völlig falsch wäre. Würde man sich z. B. bei der Themenwahl auf Wörter mit „h" konzentrieren, schreiben viele Schüler das"h" auch bei solchen Wörtern, in denen es fehl am Platz wäre. Sie vermuten, dass es in die Unterrichtseinheit passt, und übertragen das Rechtschreibphänomen.

Möchte der Lehrer eine Rechtschreibbesonderheit aufgreifen, um Regelwissen zu erarbeiten, bietet sich ein Wortlistentraining an.

## Hinweise zur Durchführung der Lernkontrollen

Die Lernkontrollen wurden so konzipiert, dass aus jedem Übungstext einige Lernwörter eingebaut wurden. Für die Klasse 3 stehen 21 Übungstexte zur Verfügung. Der Lehrer kann zur Festigung der Lernwörter eines Textes etwa eine Woche einplanen. Nach jeweils 4 Übungstexten ist eine Lernkontrolle vorgesehen.

Die Lernkontrollen werden **nicht extra vorbereitet!** Alle enthaltenen Lernwörter sind in den Übungstexten bereits gefestigt worden.

1. Der Text der Lernkontrolle wird ganz vorgelesen. Fragen zum Inhalt werden geklärt. Neue Wörter stehen an der Tafel und werden als Abschreibleistung gewertet.
2. Der einzelne Satz wird vorgelesen und eventuell von den Schülern laut wiederholt.
3. Der Satz wird in Abschnitten diktiert. Satzzeichen werden diktiert.
4. Nach Beendigung des Diktats wird der gesamte Text in angemessenem Tempo vorgelesen. Die Schüler lesen still oder im Flüsterton mit und kreisen mit Bleistift die Wörter ein, bei denen sie Fehler entdecken bzw. vermuten.
5. Jeder Schüler erhält den Auftrag, aus 15 Wörtern, die der Schüler sicher schreiben kann und die zum Inhalt passen, ein oder zwei Sätze zu schreiben, um die Lernkontrolle abzuschließen. Die Benutzung des Wörterbuches ist dabei erlaubt. Schreibt ein Schüler mehr als 15 Wörter, sollte er durch einen Schrägstrich das Ende kennzeichnen. Alle anderen Wörter fließen nicht in die Bewertung ein.
6. Die Schüler erhalten die Gelegenheit im Wörterbuch nachzuschlagen und erkannte Fehler zu berichtigen.

*Anmerkung zu Punkt 5*

Die Schüler suchen aus ihrem Repertoire gelernter Übungswörter solche heraus, deren Schreibweise sie mit Sicherheit beherrschen. Hier wird nicht nur dem freien Schreiben und der Überprüfung des aktuellen Sprachschatzes der Kinder Rechnung getragen. Die bereits genannte Fehlervermeidungsstrategie kommt zum Einsatz. Zweifelt ein Schüler an der Richtigkeit eines Wortes, kann er entweder im Wörterbuch nachschlagen oder er sucht in seinem Gedächtnis nach einem anderen Wort, das er fehlerfrei schreiben kann, und tauscht es aus.

## 1. Übungstext: **„Ein Schreck am Morgen“**

### 1. Hinführung zum Text

1.1. Schaffung einer Erwartungshaltung; Erlebtes und Erfahrenes folgerichtig und zusammenhängend darstellen

Eine Folie mit dem Übungstext 1 wird aufgelegt.
*Impuls:* Lies die Überschrift. Warst du schon einmal am frühen Morgen erschrocken? Erzähle davon. Wovon könnte unsere Geschichte handeln?

1.2. Kreativer Umgang mit Texten; Weitererzählen der Geschichte nach der eigenen Fantasie

*Impuls:* Lies still bis: „Er hörte den Wecker nicht.“
Wie könnte die Geschichte weitergehen?
Erzähle.
Der Übungstext 1 auf Folie wird bis zur angegebenen Stelle angelesen. Vermutungen zum Ausgang der Geschichte werden geäußert. Es wäre auch möglich, dass die Schüler im freien Schreiben den Ausgang der Geschichte schreiben.

### 2. Textbegegnung und inhaltliche Klärung

2.1. Übung im stillen Lesen; Vergleich der Erwartungshaltung mit dem Inhalt des Textes

*Impuls:* Lies die Geschichte zu Ende. Ist sie wirklich so ausgegangen, wie du vermutet hast?
Jeder Schüler erhält das Arbeitsblatt 1.

2.2. Kontrolle der Sinnerfassung

Bearbeitung der Aufgabe 1 a auf dem Arbeitsblatt 1.

2.3. Übungslesen; Herauslösen von Angaben aus dem Text

Bearbeitung der Aufgaben ❶ b und ❷ des Arbeitsblattes 1

### 3. Verstehen und Gestalten

Darstellen von Problemen und Konflikten des täglichen Lebens
Bearbeitung der Aufgabe ❸ des Arbeitsblattes 1

### 4. Rechtschriftliches Einprägen der Lernwörter

Bearbeitung der Aufgaben von AB 1 und Arbeitsblatt 2, verteilt auf mehrere Stundenteile

## 2. Übungstext: **„Mut oder Dummheit?“**

### 1. Hinführung zum Text

1.1. Darlegung der individuellen Meinungen der Schüler;

Eine Folie mit dem Übungstext 2 wird aufgelegt. Der Text wird abgedeckt. Die Schüler lesen nur die Überschrift.

*Impuls:* Lies die Überschrift.

Was verstehst du unter Mut? Was würdest du als Dummheit bezeichnen?

1.2. Kreativer Umgang mit Texten; Weitererzählen der Geschichte nach der eigenen Fantasie
*Impuls:* Lies die Geschichte bis: „Häufig blickt er zur Seite." Erzähle, wie die Geschichte weitergehen könnte!
Der Übungstext 2 auf Folie wird bis zur angegebenen Stelle angelesen. Vermutungen zum Ausgang der Geschichte werden geäußert. Es wäre auch möglich, im freien Schreiben den Ausgang der Geschichte zu schreiben.

**2. Textbegegnung und inhaltliche Klärung**

2.1. Übung im stillen Lesen; Auseinandersetzung mit dem Text
*Impuls:* Lies die Geschichte zu Ende. Was ist passiert? Erzähle, wie es zu dem Unfall kam!
Vervollständige den Satz. Uwe stürzte, weil ..... .
Jeder Schüler erhält ein Arbeitsblatt 3.

2.2. Kontrolle der Sinnerfassung
Bearbeitung der Aufgabe ❶ des Arbeitsblattes 3.

**3. Verstehen und Gestalten**

3.1. Darstellen von Problemen und Konflikten des täglichen Lebens
Bearbeitung der Aufgabe ❷ des Arbeitsblattes 3

3.2. Äußerung zu Motiven handelnder Personen; Schlussfolgerungen für das eigene Handeln
*Impuls:* Lies noch einmal die Überschrift. War es nun Mut oder Dummheit, so um die Wette zu fahren?

**4. Rechtschriftliches Einprägen der Lernwörter verteilt auf mehrere Stundenteile**

Bearbeiten der Arbeitsblätter 3 und 4

## 3. Übungstext: **„Mutti wird sich freuen"**

**1. Hinführen zum Text**

Schaffung einer Erwartungshaltung; Erlebtes und Erfahrenes folgerichtig und zusammenhängend darstellen
Die Überschrift wird an die Tafel geschrieben.
*Impuls:* Lies die Überschrift.
Worüber könnte sich die Mutti freuen?
Hast du deiner Mutti auch schon einmal eine Freude bereitet? Erzähle davon.

**2. Textbegegnung und inhaltliche Klärung**

Übung im stillen Lesen; Auseinandersetzung mit dem Text; Kontrolle der Sinnerfassung
Jeder Schüler erhält ein Arbeitsblatt 5.
Bearbeitung der Aufgabe ❶ des Arbeitsblattes 5.
*Impuls:* Lies den Satz vor, der dir sagt, warum die Kinder ihrer Mutti helfen wollen.

**3. Verstehen und Gestalten**

3.1. Handlungsabläufe selbstständig ordnen und folgerichtig darstellen
Bearbeitung der Aufgabe ❷ des Arbeitsblattes 5
*Impuls:* Beschreibe, wie du Schuhe putzt! Suche dir einen Partner, der alle Tätigkeiten, die du nennst, ausführt. Wenn er nach deiner Anweisung die Schuhe richtig geputzt hat, war deine Beschreibung gut.

3.2. Herausfinden der Handlungsträger; Sachzusammenhänge treffend und folgerichtig darstellen
Bearbeitung der Aufgabe ❶ des Arbeitsblattes 6

**4. Vertiefen der Kenntnisse über die grammatische Veränderbarkeit des Substantivs und seiner Rolle im Satz; Gliederungsmöglichkeit von Sätzen**

*Impuls:* Bilde möglichst viele Sätze. Achte auf die Satzzeichen und auf den Satzanfang.
Die Wortgruppen werden in ungeordneter Form an die Tafel geschrieben.

**5. Rechtschriftliches Einprägen der Lernwörter**

Bearbeitung der Arbeitsblätter 5 und 6

*Zu 4.*

Mutti wischt
meine Sachen
mit der Aufgabe
fertig
du bist bald
im Schrank
den Schmutz auf
auf dem Boden
hängen

# 4. Übungstext: **„Unheimlicher Besuch“**

### 1. Hinführung zum Text

Schaffung einer Erwartungshaltung; Erlebtes und Erfahrenes folgerichtig darstellen
Eine Folie mit dem Übungstext von Arbeitsblatt 7 wird aufgelegt. Die Schüler lesen nur die Überschrift. Der Text wird abgedeckt.
*Impuls:* Lies die Überschrift. Wer könnte der unheimliche Gast sein?

### 2. Kreativer Umgang mit dem Text; Weitererzählen der Geschichte nach der eigenen Fantasie

*Impuls:* Lies bis: „Am liebsten wären sie ausgerissen.“
Erzähle die Geschichte weiter.
Der Übungstext auf Folie wird bis zur angegebenen Stelle angelesen. Vermutungen zum Ausgang der Geschichte werden geäußert. Es wäre auch möglich, dass die Schüler im freien Schreiben den Ausgang der Geschichte schreiben.

### 3. Textbegegnung und inhaltliche Klärung

3.1. Übung im stillen Lesen; Aussagen über Gedanken und Gefühle; Anregung zur szenischen Gestaltung

*Impuls:* Lies die Geschichte zu Ende.
Wie mag den beiden zumute gewesen sein?
Jeder Schüler erhält ein Arbeitsblatt 7.
Bearbeitung der Aufgabe ❶ des Arbeitsblattes 7

3.2. Einschätzung der Sprechsituation; Beziehung zum Gesprächspartner richtig einschätzen, Meinung vertreten

*Impuls:* Kannst du dir denken, warum die Eltern gekommen sind? Schreibe die Geschichte weiter.
Die Schüler sollen sich in die Situation einfühlen können. Sie sollten ihren Standpunkt zu gemeinsamen Vorhaben darlegen, Probleme ansprechen, Motive verdeutlichen und lernen die eigene Meinung selbstkritisch zu überdenken.

### 4. Weiterentwicklung der Lesefertigkeit

Nutzung von Lesehilfen zum sinnentsprechenden Vortrag; Lesen mit verteilten Rollen; Erproben unterschiedlicher Lesetempi; Wirkung der wörtlichen Rede; Partnerlesen
*Impuls:* Lies die Geschichte so, dass die Zuhörer spüren, dass Peter und Gerd Angst haben!
Woran erkennst du, wann die Jungen sprechen? Unterstreiche die wörtliche Rede.
Lest nun den Text mit verteilten Rollen.

### 5. Rechtschriftliches Einprägen der Lernwörter

Um die Kontinuität zu wahren, ist es auch hier sinnvoll, nach Bearbeitung von Aufgabe 2 die zu den vorhergehenden Texten verlangten folgenden Aufgaben von den Schülern auf den Arbeitsblättern erfüllen zu lassen.

- Schreibe die Lernwörter in dein Heft.
  Erscheint dir ein Lernwort besonders schwierig, dann kennzeichne diese Stelle!
- Arbeite mit einem Partner.
  Nimm ein Abdeckkärtchen zur Hand. Nenne ein Lernwort.
  Prägt es euch ein, deckt es ab und schreibt es aus dem Gedächtnis auf.
  Kontrolliert gegenseitig, ob ihr richtig geschrieben habt!
  Nun darf der Partner ein Lernwort wählen. Übt so alle Lernwörter.

Diese Aufträge erscheinen jetzt nicht mehr auf den Arbeitsblättern, um eine möglichst große Bandbreite von abwechslungsreichen Aufgaben zu bieten.

Bearbeiten der restlichen Aufgaben auf den Arbeitsblättern 7 und 8

| Name: | Datum: | Arbeitsblatt 1 |
|---|---|---|

# Ein Schreck am Morgen

**Torsten hätte heute fast verschlafen. Er hörte den Wecker nicht. In letzter Minute kam seine Mutti herein und weckte ihn. Er wühlte die Decke zur Seite, hüpfte aus dem Bett und schlüpfte fix in seine Kleidung. Der Unterricht beginnt bald. Torsten schaut auf seine Uhr. Wenn er mit dem Fahrrad fährt, kommt er noch pünktlich zu Schule.** (18 Lernwörter)

1 a) Wer hat Torsten aufgeweckt? Kreuze die richtige Antwort an.
b) Wie zieht sich Torsten an, damit er noch rechtzeitig zur Schule kommt? Suche das passende Wort. Lies den Satz vor, der dir darauf Antwort gibt!

a)
- O Seine Mutter hat ihn aufgeweckt.
- O Der Wecker hat geläutet.
- O Er wurde von seiner Schwester geweckt.

b)
- O hastig
- O fix
- O schnell

❷ Warum kommt Torsten noch rechtzeitig zur Schule? Beantworte die Frage mithilfe des Textes.

❸ Schau dir das Bild an. Was könnte Torsten sagen? Was ruft ihm seine Mutter zu? Schreibe es in die Sprechblasen.

❹ Lernwörter: Suche die Wörter im Text und unterstreiche sie mit deiner Lieblingsfarbe.

**Schreck, fast, Wecker, letzter, herein, weckte, wühlte, hüpfte, schlüpfte, fix, Kleidung, Unterricht, beginnt, bald, Uhr, fährt, Fahrrad, pünktlich**

❺ Schreibe die Lernwörter in dein Heft.
Erscheint dir ein Lernwort besonders schwierig, dann kennzeichne diese Stelle!

❻ Arbeite mit einem Partner.
Nimm ein Abdeckkärtchen zur Hand. Nenne ein Lernwort.
Prägt es euch ein, deckt es ab und schreibt es aus dem Gedächtnis auf.
Kontrolliert gegenseitig, ob ihr richtig geschrieben habt!
Nun darf der Partner ein Lernwort wählen. Übt so alle Lernwörter.

| Name: ______________________ | Datum: ______________ | Arbeitsblatt 2 |
|---|---|---|

❶ Suche zu den Lernwörtern Reimwörter. Unterstreiche gleiche Teile.

| hüpfen | bald | wühlen | fast |
|---|---|---|---|
| schl | W | k | R |
| | | f | G |

❷ Bilde ganze Sätze mit den Tunwörtern und schreibe sie in dein Heft.
Suche passende Wörter in deinem Wörterbuch.

**hören, kommen, fahren, wecken, beginnen, schauen**

Ich höre gern Musik.

❸ Stelle die Purzelsätze richtig.

Der Maulwurf hüpft im Käfig.
Der Bus wühlt unter der Erde.
Der Vogel fährt in die Stadt.
Der Unterricht weckt mich.
Der Wecker beginnt bald.

❹ Der Wörterfresser spuckt Wörter aus. Findest du sie?

her

ab auf bei
aus ein unter über

herab, ______________________

______________________

______________________

❺ In diesem Buchstabensalat haben sich Lernwörter versteckt. Spure sie nach und schreibe sie dann in dein Heft. Achte darauf, dass beim Buchstabensalat nur Großbuchstaben stehen!

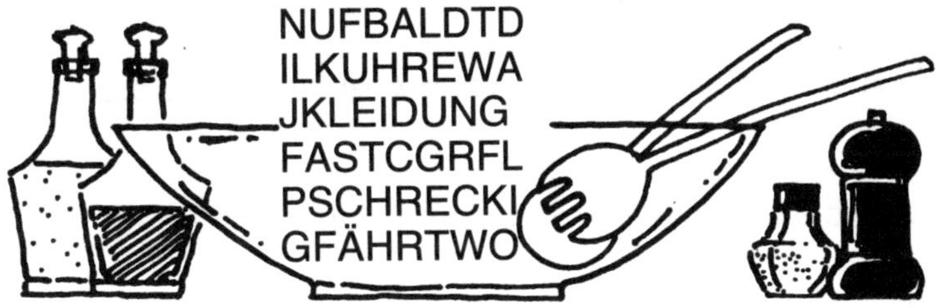

NUFBALDTD
ILKUHREWA
JKLEIDUNG
FASTCGRFL
PSCHRECKI
GFÄHRTWO

❻ Kannst du die Geisterschrift lesen?

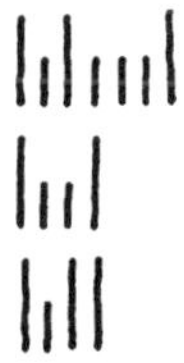
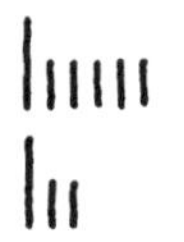

fix
herein
fast
bald
Fahrrad

| Name: | Datum: | Arbeitsblatt 3 |
|---|---|---|

# Mut oder Dummheit?

Uwe und Jens fahren mit ihrem Fahrrad um die Wette. Jens muss sich sehr anstrengen, denn Uwe fährt wie der Blitz. Uwe beobachtet seinen Gegner. Häufig blickt er zur Seite. Deshalb sieht er auch den spitzen Stein auf der Straße nicht. Er kann nicht mehr rechtzeitig bremsen und stürzt. Eine Staubwolke wirbelt auf. Sein Knie ist dick und blutet stark. Seine Hose hat einen langen Riss. Er beißt die Zähne zusammen. Eine Träne rollt über seine Wange. Gott sei Dank ist er nur leicht verletzt. Er wird bald wieder gesund sein. (19 Lernwörter)

❶ Welche Folgen hatte der Unfall? Kreuze die richtige Antwort an.
- ○ Jens stürzt vom Fahrrad.
- ○ Uwe hat sein Bein gebrochen.
- ○ Sein Knie ist dick und blutet stark.
- ○ Er hat sein Hemd zerrissen.

❷ Schau dir das Bild an. Schreibe in die Sprechblasen, was Jens und Uwe sagen könnten!

❸ Im Text findest du folgende Lernwörter:

fahren, anstrengen, Blitz, beobachten, blickt, Seite, spitz, bremsen, stürzt, Staubwolke, blutet, stark, Riss, beißt, Träne, Gott, verletzt, wieder, gesund

Suche die Wörter im Text und unterstreiche sie mit deiner Lieblingsfarbe.

❹ Schreibe die Lernwörter in dein Heft.
Erscheint dir ein Lernwort besonders schwierig, dann kennzeichne diese Stelle!

❺ Findest du das Gegenteil?
Schreibe die Wortpaare auf.
Zu welcher Wortart gehören diese Wörter?

stark | spitz | krank | stumpf | zerrissen | schwach | ganz | gesund

schwach — ______

______ — ______

______ — ______

______ — ______

| Name: | Datum: | Arbeitsblatt 4 |
|---|---|---|

**1**

| | | | |
|---|---|---|---|
| spitz | Wolke | gestärkt | gespitzt |
| Verletzung | Stärke | Spitze | wolkenlos |
| wolkig | verletzt | stark | Verletzte |

Male die Wortfamilien mit der gleichen Farbe aus.
Schreibe nun die Wortfamilien geordnet in dein Heft.
Schreibe zu den Namenwörtern (Substantiven) die Begleiter (Artikel).
Unterstreiche den Wortstamm. Musst du dir alle Wörter einer Wortfamilie merken?

**2** Suche zu den Lernwörtern Reimwörter und schreibe sie in dein Heft.
Male den Teil, der bei den Reimwörtern gleich bleibt, mit der gleichen Farbe aus!

| | | | | |
|---|---|---|---|---|
| Blitz | Seite | Riss | blicken | stürzen |
| W | W | B | st | w |
| sp | | | fl | k |
| | | | sch | |

**3** Finde die Namenwörter (Substantive).
Schreibe sie auf. Dein Wörterbuch hilft dir dabei.

gesund
stark
spitz
stürzen
heißen
anstrengen
beobachten
bremsen
blicken

| | | | |
|---|---|---|---|
| die | Gesundheit | | |
| | | | |
| | | | |
| | | | |
| | | | |

**4** Der Klecksteufel hat seine Spuren hinterlassen.
Kannst du die Wörter schon auswendig?

Go[redacted] __________

verle[redacted]t __________

gesun[redacted] __________

w[redacted]der __________

anstre[redacted]en __________

Wo[redacted]e __________

Name: ______________________ Datum: ______________ Arbeitsblatt 5

# Mutti wird sich freuen

Unsere Mutti kommt heute später von der Arbeit zurück. Sie hat so schrecklich viel zu tun. Deshalb beschließen wir ihr im Haushalt zu helfen. Mein Bruder will sein Zimmer aufräumen und seine Sachen ordentlich in den Schrank legen. Ich putze alle dreckigen Schuhe. Zuerst kratze ich den Schmutz herunter. Dann nehme ich braune, schwarze, graue Schuhcreme und reibe die Schuhe mit der passenden Creme ein. Mit einer weichen Bürste poliere ich, bis sie glänzen. Wenn ich damit fertig bin, räume ich alles wieder weg. (17 Lernwörter)

❶ Lies die Geschichte still und erkläre, warum die Mutter sich freuen wird, wenn sie nach Hause kommt! Kreuze die richtige Antwort an.

- ○ Mutti freut sich, weil die Kinder ihre Hausaufgaben gemacht haben.
- ○ Mutti freut sich, weil sie früh von der Arbeit kommt.
- ○ Mutti freut sich, weil die Schuhe geputzt sind.
- ○ Mutti freut sich, weil das Wohnzimmer ordentlich ist.

❷ Ordne den Bildern die folgenden Wortgruppen zu. Gib die Reihenfolge der Tätigkeiten an.

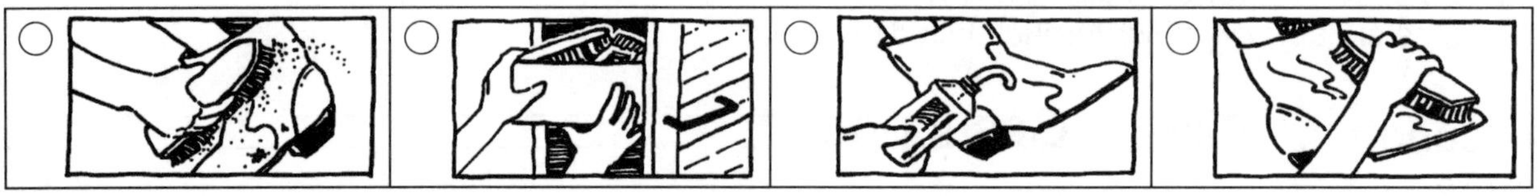

- ○ mit einer weichen Bürste polieren
- ○ Schmutz abkratzen
- ○ mit der passenden Creme einreiben
- ○ Sachen aufräumen

❸ Im Text findest du folgende Lernwörter:

| |
|---|
| später, zurück, schrecklich, beschließen, aufräumen, Sachen, Schrank, putzen, dreckig, Schmutz, herunter, braun, schwarz, grau, passend, glänzen, fertig |

Suche die Wörter im Text und unterstreiche mit deiner Lieblingsfarbe.

❹ Schreibe die Lernwörter in dein Heft. Erscheint dir ein Lernwort besonders schwierig, dann kennzeichne diese Stelle!

❺ Arbeite mit deinem Partner.
Nimm ein Abdeckkärtchen zur Hand. Nenne ein Lernwort.
Prägt es euch ein, deckt es ab und schreibt es aus dem Gedächtnis auf.
Kontrolliert gegenseitig, ob ihr richtig geschrieben habt!
Nun darf der Partner ein Lernwort wählen. Übt so alle Lernwörter.

| Name: | Datum: | Arbeitsblatt 6 |
|---|---|---|

A

B

❶ Welche Sätze gehören zu Bild A? Welche Sätze gehören zu Bild B?
Schreibe die passenden Sätze in dein Heft.

1) Ich putze die dreckigen Schuhe.
2) Mein Bruder räumt sein Zimmer auf.
3) Ich kratze den Schmutz herunter.
4) Seine Sachen legt er in den Schrank.
5) Wenn ich die Schuhe geputzt habe, poliere ich sie.

❷ Bilde zusammengesetzte Wörter und trenne sie.

| herüber | her - über he-rüber |
|---|---|
| | |
| | |
| | |
| | |
| | |
| | |
| | |

her: vor, um, ein, unter, nach, über, auf

❸ Suche zu jedem Wiewort (Adjektiv) ein passendes Namenwort (Substantiv). Dein Wörterbuch hilft dir dabei. Male den Teil der Adjektive, der gleich bleibt, mit der gleichen Farbe aus.

| grau | schwarz | braun |
|---|---|---|
| ein grauer Strumpf | ein schwarzer Rabe | eine braune Nuss |
| | | |
| | | |

❹

| räumen | dreckig | geräumig | schrecklich |
|---|---|---|---|
| Schreck | erschrocken | spätestens | verdreckt |
| spät | Verspätung | Raum | Dreck |

Male die Wortfamilien mit der gleichen Farbe aus.
Schreibe nun die Wortfamilien geordnet. Schreibe zu jedem Namenwort (Substantiv) den Begleiter (Artikel). Musst du dir alle Wörter einer Wortfamilie einprägen?

| Name: ______________________ | Datum: ______________ | Arbeitsblatt 7 |
|---|---|---|

# Unheimlicher Besuch

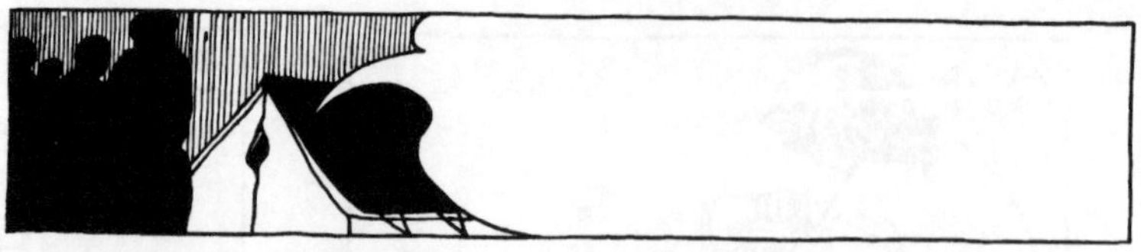

Peter und Gerd haben nahe am Waldrand ein Zelt aufgebaut. Sie wollen allein dort übernachten. Die ganze Zeit haben sie Zeitung gelesen und die Bilder darin betrachtet. Deshalb haben sie gar nicht bemerkt, dass es draußen schon fast dunkel geworden ist. Plötzlich sieht der Wald unheimlich aus. „Da bewegt sich doch etwas!“, flüstert Peter. Sein Herz klopft bis in den Hals. Vier Schatten kommen langsam zu ihnen herüber. Sie glauben beide nicht an Gespenster und Hexen, aber sie haben schreckliche Angst. Am liebsten wären sie ausgerissen. „Ach, ihr seid es!“, ruft Gerd. Durch den schmalen Eingang des Zeltes schauen ihre Eltern herein. (18 Lernwörter)

❶ Schreibe in die Sprechblase, was Peter gerade sagen könnte!

❷ Im Text findest du folgende Lernwörter:

ganze, Zeitung, Bilder, darin, draußen, dunkel, Wald, bewegt, klopft, Hals, herüber, glauben, beide, Hexen, ausgerissen, schmal, Eltern, herein

Suche die Wörter im Text und unterstreiche sie mit deiner Lieblingsfarbe.

❸ Bilde zusammengesetzte Namenwörter (Substantive).

| | | |
|---|---|---|
| Hals | Elternversammlung | Versammlung |
| Zeitung | | Besen |
| Bild | | Rahmen |
| Wald | | Meister |
| Hexe | | Haus |
| Eltern | | Abend |
| | | Kette |
| | | Leser |
| | | |

❹ Setze das richtige Lernwort ein.

1. Dort stehen viele Bäume. — 1. _ _ _ _
2. Gegenteil von hell. — 2. _ _ _ _ _ _
3. Gegenteil von breit. — 3. _ _ _ _ _ _
4. Böse Figur im Märchen. — 4. _ _ _ _
5. Vater und Mutter. — 5. _ _ _ _ _ _

| Name: ________________ | Datum: ________________ | Arbeitsblatt **8** |
|---|---|---|

❶ darin → dar - in  da - rin
Suche weitere Zusammensetzungen mit dar- und trenne die Wörter.

| | | |
|---|---|---|
| ____________ | → | ____________ |
| ____________ | | ____________ |
| ____________ | | ____________ |

❷ Male die Wortfamilien mit der gleichen Farbe aus.

| | | |
|---|---|---|
| klopfen | verdunkeln | Ganze |
| ganz | ausgerissen | dunkel |
| Dunkelheit | gänzlich | Ausreißer |
| ausreißen | Fleischklopfer | geklopft |

- Schreibe die Wortfamilien geordnet in dein Heft.
- Ergänze bei den Namenwörtern (Substantiven) die Begleiter (Artikel).

❸ Im Text wurden Lernwörter falsch geschrieben. Streiche die Fehler an und schreibe die Wörter richtig darunter.

Vati liest am Abend Zietung. Darni stehen viele Neuigkeiten. Ich schaue mit lieber Bliderbücher an. Auch Märchenbücher mit Hexn lese ich gerne.

____________

____________

❹ Formuliere die Aussagesätze in Fragesätze um. Schreibe sie in dein Heft.

Ich glaube nicht an Hexen. Glaubst du . . . . . . . . . . . . . . . . . . . . . . . . . . . . . . . . .?
Ich klopfe den Teppich.
Ich bewege mich gerne an der frischen Luft.

❺ ZEITUNGBILDWALDHALSELTERNHEXE

Suche die Namenwörter (Substantive) und schreibe sie mit Begleiter (Artikel) auf.

# 1. Lernkontrolle

Übersicht über die Lernwörter der 1. Übungseinheit:

*1. Übungstext:* Schreck, fast, Wecker, letzte(r), fix, schlüpfen, bald, beginnen, Unterricht, Uhr, Fahrrad, fahren, pünktlich, Kleidung, wecken, wühlen, herein, hüpfen

*2. Übungstext:* fahren, anstrengen, beobachten, blicken, Blitz, Seite, Wolke, spitz, bluten, beißen, bremsen, Gott, stürzen, verletzt, wieder, gesund, Riss, Träne, stark

*3. Übungstext:* spät, zurück, schrecklich, beschließen, aufräumen, Sachen, Schrank, putzen, dreckig, Schmutz, herunter, braun, schwarz, grau, passen, glänzen, fertig

*4. Übungstext:* ganz, Bilder, darin, Zeitung, draußen, dunkel, Wald, bewegen, klopfen, Hals, herüber, beide, glauben, Hexe, schmal, Eltern, herein, reißen

Ein ordentlicher Schüler

Peter geht gern zur Schule. Jeden Morgen steht er früh auf, denn er will pünktlich sein. Er wäscht sich und schlüpft in seine Kleidung. Dann putzt er seine Zähne. Um acht Uhr beginnt der Unterricht. Oft fährt Peter mit seinem Fahrrad. Es ist grau mit schwarzen Streifen. Sein Rad verschließt er sicher. Wenn er fertig ist, geht er in sein Klassenzimmer. Bald kommen auch alle anderen Kinder herein.

Aufgabe: Schreibe die Geschichte weiter.
Verwende 15 Wörter, die zum Inhalt passen und die du sicher schreiben kannst!
Benutze das Wörterbuch. Zweifelst du an der Richtigkeit mancher Wörter? Verschaffe dir Gewissheit.

Zusammensetzung der Lernkontrolle:

– 71 Wörter: 7 neue Wörter: [ ]
15 Lernwörter aus der 1. Übungseinheit [grau]
49 Wörter des Grundwortschatzes zurückliegender Unterrichtseinheiten

# 5. Übungstext: „Gemeinsame Erlebnisse“

## 1. Hinführung zum Text

Schaffung einer Erwartungshaltung; Erlebtes und Erfahrenes folgerichtig und zusammenhängend darstellen
*Impuls:* Lies die Überschrift. Wovon könnte der Text handeln? Erzähle ein Ereignis, das du mit deinen Klassenkameraden erlebt hast?

## 2. Textbegegnung und inhaltliche Klärung

Übung im stillen Lesen; Erlesen des Textinhaltes nach Aufgabenstellung; Erfassen des Wesentlichen
*Impuls:* Lies die Geschichte still. Was wollen die Schüler der 3. Klasse unternehmen? Lies die Sätze vor, die dir darauf Antwort geben!

## 3. Kennenlernen schriftlicher Gebrauchsformen

3.1. Schreiben von Texten zu Illustrationen; Umsetzen von Texten in bildnerische Formen
Bearbeitung der Aufgabe ❶ des Arbeitsblattes 9

3.2. Notieren von Adresse und Absender; personenbezogenes Schreiben: Verfassen von Grüßen und Wünschen
*Impuls:* Stelle dir vor, du wärst bei der Fahrt dabei gewesen. Du möchtest deinen Eltern eine Karte schreiben und deine Erlebnisse erzählen. Lies den Text nochmals und schreibe das, was dir am besten gefiel, auf die Karte!
Die Schüler bringen eine Ansichtskarte mit. Die zu beachtenden Merkmale beim Schreiben von Adresse und Karteninhalt (Ausdrucksvarianten...) werden vertieft.
Jeder Schüler schreibt eine Ansichtskarte.
Hinweis: Die Anredepronomen du und ihr, die entsprechenden Possessivpronomen dein und euer schreibt man klein.

## 4. Rechtschriftliches Einprägen der Lernwörter

Bearbeitung der Aufgabe ❷ von Arbeitsblatt 9 und der Aufgaben ❶ bis ❹ von Arbeitsblatt 10

## 5. Weiterarbeit an Gliederungsmöglichkeiten von Sätzen; Umstellen von Sätzen als Möglichkeit der Vermeidung von Wiederholungen am Satzanfang

Bearbeitung der Aufgabe ❻ des Arbeitsblattes 10
Wortbildung als Möglichkeit der Wortschatzerweiterung;
Präfixe als Möglichkeit begreifen die Wörter in ihrer Bedeutung zu ändern;
Bearbeitung der Aufgaben ❸ und ❹ des Arbeitsblattes 9;
Nutzen der Wortbausteine für die Rechtschreibung;
Bearbeitung der Aufgabe ❺ des Arbeitsblattes 10

# 6. Übungstext: „Preiswerte Angebote“

## 1. Hinführung zum Text

Schaffung einer Erwartungshaltung; Erlebtes und Erfahrenes folgerichtig darstellen
*Impuls:* Lies die Überschrift. Hast du beim Einkaufen auch schon auf preiswerte Angebote geachtet? Nenne Beispiele.
Die Überschrift wird vom Lehrer an die Tafel geschrieben.

## 2. Textbegegnung und inhaltliche Klärung

2.1. Übung im stillen Lesen; Erlesen des Textinhaltes nach Aufgabenstellung; Hinführung zur Wiedergabe von Informationen aus Sachtexten
*Impuls:* Lies den Text. Finde heraus, welche Waren preiswert angeboten werden und schreibe sie auf die Verkaufstafel!
Am Abend möchte Vati wissen, was Mutti gekauft hat. Schreibe es auf.
Jeder Schüler erhält das Arbeitsblatt 11

2.2. Kennenlernen typischer Sprachhandlungen; Erarbeitung treffender Adjektive für die Darstellung
*Impuls:* Schreibe auf, was der Händler ruft! „Saftige Pfirsiche, schöne Äpfel...!“

2.3. Kontrolle der Sinnerfassung
Bearbeitung der Aufgabe ❶ des Arbeitsblattes 11

## 3. Rechtschriftliches Einprägen der Lernwörter

- Schreibe die Lernwörter in dein Heft.
  Erscheint dir ein Lernwort besonders schwierig, dann kennzeichne diese Stelle!
- Arbeite mit einem Partner.
  Nimm ein Abdeckkärtchen zur Hand. Nenne ein Lernwort.
  Prägt es euch ein, deckt es ab und schreibt es aus dem Gedächtnis auf.
  Kontrolliert gegenseitig, ob ihr richtig geschrieben habt!
  Nun darf der Partner ein Lernwort wählen. Übt so alle Lernwörter.

Bearbeitung der Aufgaben ❷ bis ❹ des Arbeitsblattes 11 und Arbeitsblatt 12

## 7. Übungstext: “Florian berichtet“

**1. Hinführung zum Text**

Schaffung einer Erwartungshaltung; Erlebtes und Erfahrenes folgerichtig und zusammenhängend darstellen
Ein Folie mit dem Übungstext von Arbeitsblatt 13 wird aufgelegt.
*Impuls:* Lies die Geschichte bis: „Plötzlich bewegte sich das Gras.“
Was könnte Florian vom Hochsitz aus beobachtet haben?

**2. Textbegegnung und inhaltliche Klärung**

Übung im stillen Lesen; Erfassen einer Aufgabenstellung; Formulieren von Aussagen zu einer Aufgabe
Jeder Schüler erhält ein Arbeitsblatt 13.
*Impuls:* Lies die Geschichte zu Ende. Erzähle, was Florian erlebte! Kennst du Meister Reineke?
Einschätzung einer Sprechsituation; Beziehung zum Gesprächspartner richtig einschätzen; Füllen von Sprechblasen
*Impuls:* Worüber könnten sich Florian und sein Vater unterhalten?
Schreibe es in die Sprechblase.

**3. Weiterentwicklung der Lesefertigkeit**

Nutzung von Lesehilfen zum sinnentsprechenden Vortrag; Wirkung der wörtlichen Rede
*Impuls:* Suche im Text die wörtliche Rede.
Wie wird Florians Vater sprechen? Sprich auch so.

**4. Übung im freien Schreiben; Kreativer Umgang mit dem Text; Weiterschreiben des Textes**

*Impuls:* Wie könnte die Geschichte weitergehen?
Denke dir etwas aus und schreibe es auf.

**5. Weiterarbeit an Formen, Funktionen und Gliederungsmöglichkeiten von Sätzen; Umstellen von Sätzen als Möglichkeit Wiederholungen am Satzanfang zu vermeiden; Festigung der Kenntnisse über den Satz als Sinneinheit; Erkennen der Satzarten**

Bearbeitung der Aufgaben ❸ und ❺ des Arbeitsblattes 14

**6. Rechtschriftliches Einprägen der Lernwörter**

## 8. Übungstext: „Anna hat Sorgen“

**1. Hinführung zum Text**

Schaffung einer Erwartungshaltung; Erlebtes und Erfahrenes folgerichtig und zusammenhängend darstellen
Die Überschrift wird vom Lehrer an die Tafel geschrieben.
*Impuls:* Lies dir die Überschrift durch.
Worüber könnte sich Anna Sorgen machen?

**2. Textbegegnung und inhaltliche Klärung**

Übung im stillen Lesen; Kontrolle der Sinnerfassung
Jeder Schüler erhält ein Arbeitsblatt 15.
Bearbeitung der Aufgabe ❶ des Arbeitsblattes 15

**3. Verstehen und Gestalten**

Darstellen von Problemen und Konflikten des täglichen Lebens; Einschätzen der Sprechsituation; Füllen von Sprechblasen
*Impuls:* Was wird Anna zu ihre Mutti sagen?
Erarbeitung treffender Formulierungen zur Darstellung von Gedanken und Gefühlen
Bearbeitung der Aufgabe ❷ des Arbeitsblattes 15

**4. Festigung der Kenntnisse über den Satz als Sinneinheit**

Bearbeitung der Aufgabe ❸ des Arbeitsblattes 15

**5. Wortbildung als Möglichkeit der Wortschatzerweiterung; Bildung neuer Wörter mithilfe von Suffixen; Nutzung der Wortbausteine für die Rechtschreibung**

Bearbeitung der Aufgabe ❹ des Arbeitsblattes 16

**6. Analogien bei der Steigerung der Adjektive**

Bearbeitung der Aufgabe ❺ des Arbeitsblattes 16

**7. Rechtschriftliches Einprägen der Lernwörter.**

- Schreibe die Lernwörter in dein Heft.
  Erscheint dir ein Lernwort besonders schwierig, dann kennzeichne diese Stelle!
- Arbeite mit einem Partner.
  Nimm ein Abdeckkärtchen zur Hand. Nenne ein Lernwort.
  Prägt es euch ein, deckt es ab und schreibt es aus dem Gedächtnis auf.
  Kontrolliert gegenseitig, ob ihr richtig geschrieben habt!
  Nun darf der Partner ein Lernwort wählen. Übt so alle Lernwörter.

Bearbeitung der Aufgaben ❹ und ❺ von Arbeitsblatt 15 und der restlichen Aufgaben von Arbeitsblatt 16

| Name: | Datum: | Arbeitsblatt 9 |
|---|---|---|

# Gemeinsame Erlebnisse

Die Schüler der Klasse 3 wollen verreisen. Sie fahren mit ihrem Lehrer ins Schullandheim. Eine ganze Woche werden sie dort bleiben. Während der Fahrt geht es sehr lustig zu. Sie singen fröhliche Lieder und erzählen sich Geschichten aus ihrer Schulzeit. Am ersten Abend wollen sie gleich eine Nachtwanderung durchführen. Alle sind schon richtig neugierig darauf. Keiner weiß, wohin sie wandern werden. Herr Schilling will noch nichts verraten, weil es sonst nicht mehr spannend ist. Bei schönem Wetter wollen morgen alle an den Strand und baden. Falls es kühler wird, ist eine Fahrt mit der Pferdekutsche geplant. (17 Lernwörter)

❶ Schreibe zu jedem Bild einen passenden Satz.
Zeichne zum letzten Satz selbst ein Bild.

Bei kühlem Wetter ist eine Kutschfahrt mit Pferden geplant

❷ Im Text sind folgende Lernwörter enthalten:

verreisen, Lehrer, bleiben, Fahrt, lustig, fröhlich, gleich, Geschichten, durchführen, richtig, weiß, sonst, spannend, Strand, verraten, kühler, Pferde

Suche sie im Text und unterstreiche sie mit deiner Lieblingsfarbe.

❸ Lies die Wortpaare durch und vergleiche die Bedeutung der beiden Wörter.
Male die Vorsilbe mit der gleichen Farbe aus.
Decke mit dem Abdeckkärtchen die Vorsilbe ab. Was fällt dir auf? Spure den Teil der Wörter, der gleich bleibt, farbig nach!
Kannst du erklären, weshalb (rr) geschrieben wird?

verraten – raten
verreisen – reisen
verrechnen – rechnen
verlaufen – laufen

**Merke:**
**Die Vorsilbe ver- schreibt jeder Herr und jede Frau mit „v"!**

❹ Bilde weitere Wörter mit der Vorsilbe **ver-**.

tragen – ______
urteilen – ______
wundern – ______
suchen – ______
______ – ______
______ – ______

| Name: | Datum: | Arbeitsblatt **10** |
|---|---|---|

❶

| | | |
|---|---|---|
| fahren | ich weiß | er fuhr |
| Wissen | Fahrt | gewusst |
| bleiben | Bleibe | Spannung |
| spannend | gespannt | geblieben |

- Male die Wortfamilien mit der gleichen Farbe aus.
- Schreibe die Wortfamilien geordnet in dein Heft.
- Setze die richtigen Begleiter (Artikel) vor die Namenwörter (Substantive).

❷ Suche das Gegenteil. Schreibe die Wortpaare auf.

| | | | |
|---|---|---|---|
| lustig | fröhlich | falsch | traurig |
| richtig | kühl | spannend | heiß |
| langweilig | gleich | verschieden | |

❸ Suche passende Adjektive aus der Aufgabe ❷.

Geschichten

Aufgaben

Limonade

Tee

Lieder

❹ Bilde zusammengesetzte Namenwörter (Substantive) und schreibe sie in dein Heft.

| | |
|---|---|
| Bus | Tisch |
| Strand | Kutsche |
| Pferde | Fahrt |
| Lehrer | Korb |
| Klassen | Wanderung |
| Nacht | Buch |

❺ Der Wörterfresser spuckt neue Wörter. Findest du sie? Schreibe sie in dein Heft.

führen

an

aus

durch

ab

hin

weg

anführen

❻ Bilde einen Satz. Achte auf die Satzzeichen. Versuche den Satz so oft wie möglich umzustellen.

sonst    immer    ich gehe    zu meiner Freundin

| Name: | Datum: | Arbeitsblatt 11 |
|---|---|---|

# Preiswerte Angebote

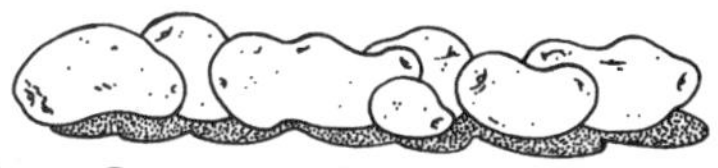

Mutti kauft auf dem Markt einen Vorrat an Zwiebeln ein. Sie sind jetzt besonders billig. Mutti erklärt mir, dass man alle Angebote nutzen sollte, um Geld zu sparen. Viele Leute kellern im Herbst Kartoffeln ein. Diese reichen dann für den ganzen Winter bis zum Frühling. Unsere Wohnung ist jedoch dazu zu klein. Wir haben in unserer Vorratskammer gerade noch genug Platz für ein paar Körbe Äpfel. (19 Lernwörter)

❶ Warum lagert die Mutter im Herbst keine Kartoffeln ein?
Kreuze die richtige Antwort an.

- ○ Sie hat genug Geld und braucht nicht zu sparen.
- ○ Die Familie isst nicht gerne Kartoffeln.
- ○ Sie haben keinen Keller.
- ○ In der Vorratskammer ist nicht genug Platz.

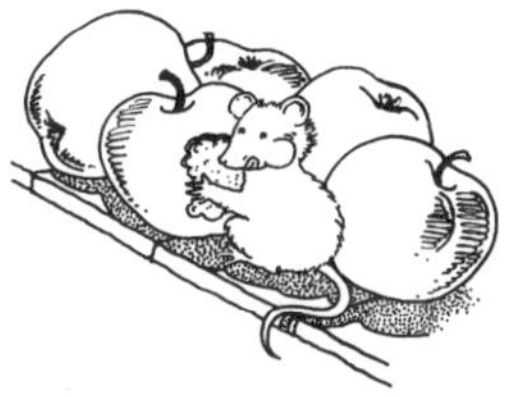

❷ Im Text findest du folgende Lernwörter:

kauft, Markt, Vorrat, Zwiebeln, jetzt, billig, erklärt, nutzen, sparen, Leute, Herbst, Winter, Kartoffeln, Frühling, Wohnung, Vorratskammer, gerade, genug, paar, Körbe

Suche sie und unterstreiche sie mit deiner Lieblingsfarbe.
Schreibe sie in dein Heft.

❸ Male die Wortfamilien mit der gleichen Farbe aus.

| | | |
|---|---|---|
| kaufen | nutzen | klar |
| Nutzung | gespart | verkaufen |
| Sparbuch | Käufer | benutzen |
| Erklärung | klären | sparen |

- Schreibe die Wortfamilien geordnet in dein Heft.
- Ergänze die Artikel.

❹ Was bedeutet das Wort **billig**?
Suche aus dem Wörterbuch passende Substantive.

billige Schuhe

| Name: | Datum: | Arbeitsblatt **12** |
|---|---|---|

❶ Kannst du die Geisterschrift lesen?

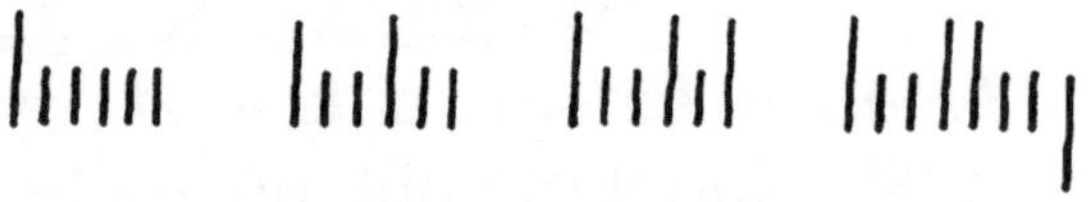

Frühling Herbst Winter Sommer

Ordne jeder Jahreszeit die Monate zu.

April Juni August Oktober März Februar Juli Mai Januar Dezember November September

❷ Bilde zusammengesetzte Namenwörter (Substantive).
Verbinde sie mit einem Pfeil. Schreibe sie auf.

| | | |
|---|---|---|
| Kartoffel | Anfang | |
| Herbst | Suppe | |
| Winter | Wind | |
| Frühling | Ferien | |
| Markt | Mantel | |
| Zwiebel | Frau | |
| Sommer | Schale | |
| Vorrat | Kammer | |
| Brot | Korb | |

❸ paar — Paar

Kennst du die Bedeutung dieser Wörter? Setze (p) oder (P) richtig ein.

ein __aar Schuhe
ein __aar Bonbons
ein __aar Kinder
ein __aar Strümpfe
ein __aar Handschuhe
ein Hochzeits__aar

❹ Markiere die Lernwörter mit einem hellen Leuchtstift. Schreibe sie auf.
Achte auf die Großschreibung der Substantive.
Findest du auch alle Buchstaben des Alphabets? Kreise sie ein.

a b i l l i g c d e f g e n u g    h e r b s t i j k a u f e n l m
n o p a a r q r s p a r e n t u    v o r r a t w x y z w i e b e l

| Name: | Datum: | Arbeitsblatt 13 |
|---|---|---|

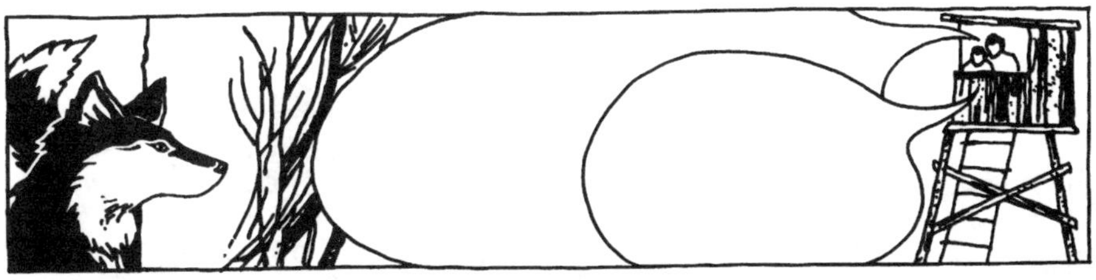

# Florian berichtet

Mein Vater ist Förster und Jäger. Letzten Sonntag durfte ich mit ihm auf die Jagd. Ich freute mich riesig darauf. An einer Quelle rasteten wir. Erschöpft von der Wanderung fiel ich ins weiche Moos. „Wenn du ganz leise bist, kannst du vielleicht einige Tiere beobachten“, meinte mein Vater. Ich war gespannt. Wir kletterten auf den Hochsitz. Dort herrschte völlige Ruhe. Plötzlich bewegte sich das Gras. Zuerst sah ich einen Kopf, dann den Rücken und schließlich die Lunte. Es war Meister Reineke. Er sah sich vorsichtig nach allen Seiten um. Ausgerechnet jetzt musste ich niesen. Er sah zu uns herauf und verschwand. So ein Pech.

❶ Im Text findest du folgende Lernwörter:

| |
|---|
| berichten, Jäger, Jagd, riesig, darauf, Quelle, Moos, vielleicht, einige, klettern, Ruhe, Gras, Kopf, Rücken, schließlich, vorsichtig |

❷ Male die Wortfamilien mit der gleichen Farbe an.
Setze die dazugehörigen Artikel zu den Substantiven. Schreibe die Wortfamilien geordnet auf.

| | | | | | |
|---|---|---|---|---|---|
| riesig | Ruhe | Jagd | richtig | Jäger | Berichtigung |
| berichtigen | jagen | riesengroß | ruhen | ruhig | Riese |

❸ Suche zu den Lernwörtern Reimwörter. Schreibe sie in dein Heft.

| T / K / Z | opf |
|---|---|
| pfl / R / b / dr | ücken |
| J / M | agd |
| Gr / Gl / G | as |

❹ Es gibt nur sehr wenige Wörter mit **oo**!
Der Marienkäfer trägt sie alle auf seinem Rücken spazieren! Finde die Wörter heraus und schreibe sie auf. Die Augen des Marienkäfers bilden für jedes Wort **oo**!

Dort findest du sehr viele Tiere: ______

Hier kannst du im Wald ganz weich liegen: ______

Es kann auf dem Wasser schwimmen: ______

Decke die Wörter mit einem Abdeckkärtchen ab und schreibe sie aus dem Gedächtnis auf.

| Name: | Datum: | Arbeitsblatt **14** |
|---|---|---|

❶ Stecke jeden Schlüssel ins Schloss. Welche neuen Wörter kannst du bilden? Schreibe sie auf.

Wie kannst du mit diesem Schlüssel das Schloss aufsperren? Kennzeichne, worauf du besonders achten musst!

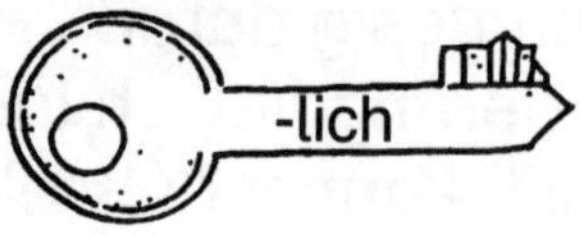


❷ Bilde möglichst viele Wörter. Schreibe sie auf.

viel | dar

in | unter | auf

über | um | leicht | an

❸ Wobei solltest du **vorsichtig** sein? Bilde möglichst viele Sätze.

mit meinem Fahrrad   ich   vorsichtig   fahre   auf der Straße

❹ Setze die passenden Lernwörter ein.

wächst im Wald
Ihr entspringt klares Wasser.
Getrocknet nennt man es Heu.
Die meisten Menschen haben darauf Haare.
anderer Ausdruck für Stille

❺ Wer tut was? Verbinde die Wörter mit Pfeilen. Schreibe die Sätze in dein Heft.
Achte auf die Satzanfänge und auf die Satzzeichen am Ende der Sätze.

| | | |
|---|---|---|
| der Jäger | klettern | im Wald |
| die Bergsteiger | plätschert | auf die Jagd |
| die Quelle | geht | auf einen riesigen Felsen |

| Name: | Datum: | Arbeitsblatt 15 |
|---|---|---|

# Anna hat Sorgen

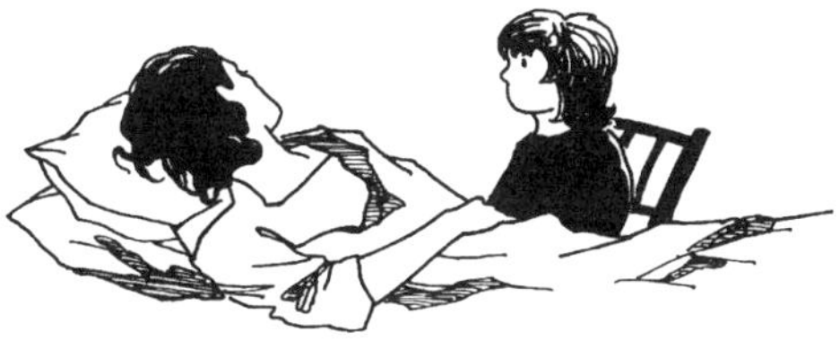

Anna hat Kummer. Ihre Mutter ist krank. Sie liegt im Krankenhaus. Anna macht sich große Sorgen, denn ihre Mutti muss operiert werden. Die Operation ist schwierig. Anna wartet geduldig im Flur des Krankenhauses. Die Zeit vergeht zu langsam. Jede Minute kommt ihr wie eine Ewigkeit vor. Nach einer Stunde öffnen sich die Türen des Operationssaales. Der Arzt spendet Trost: „Eurer Mutti geht es besser. Sie muss aber noch strenge Bettruhe einhalten.“ Annas Mutti ist noch sehr müde, als sie aus der Narkose erwacht. Anna nimmt ihre Hand und streichelt sie. Sie hat nur den einen Wunsch, dass ihre Mutter bald wieder gesund wird. (15 Lernwörter)

❶ Hast du herausgefunden, worüber sich Anna Sorgen macht?

- ○ Anna hat in der Schule schlechte Noten bekommen.
- ○ Anna hat Streit mit ihrer besten Freundin.
- ○ Annas Mutti liegt im Krankenhaus und wird operiert.

❷ Lies vor, was der Arzt zu Anna sagt! Wie mag Anna zumute sein?
Was könnte sie zum Arzt sagen? Schreibe es in die Sprechblasen.

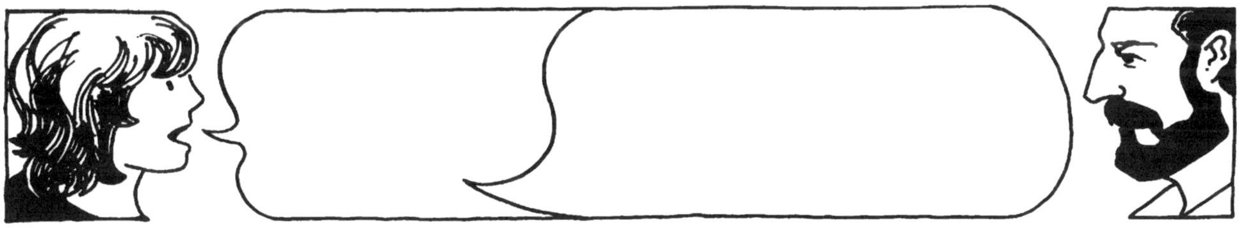

❸ Was könnte Anna tun, wenn ihre Mutti aus dem Krankenhaus kommt? Schreibe es auf.
Vielleicht kannst du folgende Wörter dazu gebrauchen:

Staub spülen lustig vorlesen Wohnung Geschirr Geschichten kochen Vorräte Kartoffeln wischen machen Markt einkaufen Betten

❹ Im Text sind folgende Lernwörter enthalten:

krank, liegt, Krankenhaus, schwierig, langsam, Stunde, spendet, streng, besser, müde, als, Hand, streichelt, Wunsch, wird

Suche die Wörter im Text und unterstreiche sie mit deiner Lieblingsfarbe. Schreibe sie in dein Heft.

❺ Male die Wortfamilien mit der gleichen Farbe aus. Schreibe die Wortfamilien geordnet in dein Heft.

| | | |
|---|---|---|
| Spende | Krankheit | gebessert |
| krank | Besserung | Kranke |
| besser | spenden | gespendet |

| | | |
|---|---|---|
| Name: | Datum: | Arbeitsblatt 16 |

❶ Findest du in der Wörterschlange die zusammengesetzten Namenwörter/Substantive?

Kreise sie so ein: REISEBUSFAHRER! Schreibe so: Reisebus - Busfahrer!

❷ Manche Tuwörter/Verben verändern ihre Form so stark, dass man die Wortfamilie schwer erkennt!

| | | | | | |
|---|---|---|---|---|---|
| werden | ich werde | du wirst | er wird | er wurde | geworden |
| liegen | ich liege | du liegst | er liegt | er lag | gelegen |

**Dosendiktat**

Schreibe mit deinem Partner alle Formen auf ein Kärtchen. Prägt euch jeweils ein Kärtchen ein. Werft die Kärtchen in eine leere Dose oder Schachtel. Jetzt nimmst du ein Kärtchen aus der Dose und diktierst die Form deinem Partner. Dann nimmt dein Partner ein Kärtchen! Wenn ihr euch alle Kärtchen gegenseitig diktiert habt, dann kontrolliert eure Wörter!

❸  Auf diesem Arbeitsblatt siehst du viele Tiere! Welche davon würdest du gerne streicheln? Beginne den Satz mit: Ich streichle gerne ... Schreibe die ganzen Sätze in dein Heft.

❹ Bilde Namenwörter (Substantive). Achte auf die Schreibung. Erkennst du eine Gemeinsamkeit?

krank ➜ ______

müde ➜ ______

gesund ➜ ______

richtig ➜ ______

fertig ➜ ______

pünktlich ➜ ______

sicher ➜ ______

traurig ➜ ______

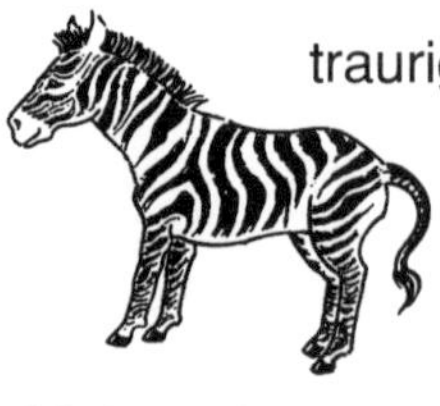

❺ Fülle die Tabelle aus.
Kennzeichne die Endungen in der Mehrstufe und in der Meiststufe.

| Grundstufe | Mehrstufe | Meiststufe |
|---|---|---|
| gut | besser | am |
| | schwieriger | am |
| langsam | | am |
| | | am müdesten |
| streng | | am |

## 2. Lernkontrolle

Übersicht über die Lernwörter der 2. Übungseinheit:

*5. Übungstext:* Lehrer, verreisen, fahren, Fahrt, lustig, bleiben, Geschichten, fröhlich, gleich, führen, richtig, weiß (wissen), verraten, sonst, spannend, Strand, kühl, Pferde

*6. Übungstext:* kaufen, Markt, Vorrat, Zwiebeln, billig, nutzen, sparen, Leute, Herbst, Kartoffeln, Winter, Frühling, Wohnung, gerade, genug, paar, Körbe, jetzt, Vorratskammer, erklären

*7. Übungstext:* berichten, Jäger, Quelle, Moos, Jagd, riesig, Kopf, darauf, vielleicht, einige, klettern, Ruhe, Gras, Rücken, schließlich, vorsichtig, herauf

*8. Übungstext:* krank, liegen, Krankenhaus, schwierig, langsam, Stunde, spenden, besser, streng, müde, streicheln, Hand, Wunsch, wird, als

Vorschlag für die 2. Lernkontrolle

### Was ist mit Annika los?

Sonst ist Annika immer lustig und guter Dinge, aber jetzt liegt sie schon einige Stunden auf dem Sofa. Sie ist müde. Mutti weiß auch keinen Rat. Sie sagt: „Es ist besser wir holen einen Arzt. Du bist krank. Dein Kopf ist ganz heiß."
Mutti streichelt Annika über die Stirn. In ein paar Tagen wird es ihr wieder besser gehen. Sie muss nur im Bett bleiben.

Aufgabe: Schreibe die Geschichte weiter.
Verwende 15 Wörter, die zum Inhalt passen und die du sicher schreiben kannst!
Benutze das Wörterbuch. Zweifelst du an der Richtigkeit mancher Wörter? Verschaffe dir Gewissheit.

Zusammensetzung der Lernkontrolle:

70 Wörter: 7 neue Wörter (umrahmt)
16 Lernwörter aus der 2. Übungseinheit (grau unterlegt)
46 Wörter des Grundwortschatzes zurückliegender Unterrichtseinheiten

# 9. Übungstext: **„Mein türkischer Freund“**

**1. Textbegegnung und inhaltliche Klärung**

Übung im stillen Lesen; Wiedergabe von Informationen aus dem Text
Jeder Schüler erhält ein Arbeitsblatt 17
*Impuls:* Lies dir die Geschichte still durch. Was erfährst du über die Freunde?
Bearbeitung der Aufgabe ❶ des Arbeitsblattes 17
Überprüfen des Wahrheitsgehaltes des Textes; Aussagen über Gedanken und Gefühle
*Impuls:* Lies den Text nochmals. Kann man sich verstehen, ohne die Sprache des anderen Kindes zu sprechen?

**2. Rechtschriftliches Einprägen der Lernwörter; Bearbeitung der Aufgaben! Bewusstmachen der Wortbedeutung – Nutzung für die Rechtschreibung**

- Schreibe die Lernwörter in dein Heft.
  Erscheint dir ein Lernwort besonders schwierig, dann kennzeichne diese Stelle!
- Arbeite mit einem Partner.
  Nimm ein Abdeckkärtchen zur Hand. Nenne ein Lernwort.
  Prägt es euch ein, deckt es ab und schreibt es aus dem Gedächtnis auf.
  Kontrolliert gegenseitig, ob ihr richtig geschrieben habt!
  Nun darf der Partner ein Lernwort wählen. Übt so alle Lernwörter.

Verwendung des Stammprinzips als Lösungshilfe; Bearbeitung der Aufgaben ❸ und ❺ des Arbeitsblattes 17;
Festigung der Kenntnisse über Wortarten: Bearbeitung der Aufgabe ❹ des Arbeitsblattes 17 und Aufgaben ❶ und ❹ von Arbeitsblatt 18
Bewusstmachen der Wortbedeutung:
Bearbeitung der Aufgabe ❺ des Arbeitsblattes 18

# 10. Übungstext: **„Geduld ist so schwer“**

**1. Hinführung zum Text**
Schaffen einer Erwartungshaltung; Die Überschrift wird an die Tafel geschrieben.
*Impuls:* Lies die Überschrift. Wovon könnte unsere Geschichte handeln?

**2. Textbegegnung und inhaltliche Klärung**

Übung im stillen Lesen; Auseinandersetzung mit dem Text
Jeder Schüler erhält ein Arbeitsblatt 19.
*Impuls:* Lies den Text still. Hat sich deine Vermutung bestätigt?
Kontrolle der Sinnerfassung
Bearbeitung der Aufgabe ❶ des Arbeitsblattes 19
Erlebtes und Erfahrenes folgerichtig und zusammenhängend darstellen; Arbeit an persönlichen Mitteilungen
Jeder Schüler erhält einen kleinen Wunschzettel, den er ausfüllen soll.
*Impuls:* Warum freust du dich auf Weihnachten?

| Wunschzettel |
|---|
| Ich wünsche mir |
| ........................... |
| ........................... |
| ........................... |

**3. Schaffung von Anlässen zum Vortragen von Gedichten**

Auswendig lernen eines Weihnachtsgedichts
*Impuls:* Kennst du ein Weihnachtsgedicht?

**4. Rechtschriftliches Einprägen der Lernwörter**

Bearbeitung der Aufgaben ❷ bis ❺ des Arbeitsblattes 19 und Aufgaben ❶ und ❷ des Arbeitsblattes 20;
Schulung des phonematischen Gehörs – Nutzung für die Rechtschreibung; Bearbeitung der Aufgabe ❹ des Arbeitsblattes 20;
Erkennen der Formveränderung bei starken Verben;
Bearbeitung der Aufgabe ❸ des Arbeitsblattes 20

# 11. Übungstext: „Hurra, es schneit!“

### 1. Hinführung zum Text

Schaffung einer Erwartungshaltung
Eine Folie mit dem Übungstext von Arbeitsblatt 21 wird aufgelegt. Der Text wird bis zur angegebenen Stelle gelesen.
*Impuls:* Lies den Text bis: „Am meisten freuen sich die Kinder darüber.“
Warum freuen sich alle Kinder über den ersten Schnee?

### 2. Textbegegnung und inhaltliche Klärung

2.1. Auseinandersetzung mit dem Text; Hinweis auf sprachliche Schönheiten und Besonderheiten des Textes
Jeder Schüler erhält ein Arbeitsblatt 21.
*Impuls:* Erkläre den Satz: „Der See hat eine Haut bekommen.“ Man hätte auch sagen können: „Der See ist zugefroren.“ Welche Formulierung gefällt dir besser?

2.2. Wiedergabe von Informationen aus dem Text
Bearbeitung der Aufgabe ❶ des Arbeitsblattes 21

2.3. Kreativer Umgang mit dem Text
Umsetzen von Texten in bildnerische Formen
*Impuls:* Lies dir den Text nochmals durch. Suche dir einen Abschnitt des Textes heraus, der dir besonders gefällt, und male ein Bild dazu!

### 3. Kennenlernen schriftlicher Gebrauchsformen Schreiben von Texten zu Illustrationen

Bearbeitung der Aufgabe ❷ des Arbeitsblattes 21

### 4. Rechtschriftliches Einprägen der Lernwörter

- Schreibe die Lernwörter in dein Heft.
  Erscheint dir ein Lernwort besonders schwierig, dann kennzeichne diese Stelle!
- Arbeite mit einem Partner.
  Nimm ein Abdeckkärtchen zur Hand. Nenne ein Lernwort.
  Prägt es euch ein, deckt es ab und schreibt es aus dem Gedächtnis auf.
  Kontrolliert gegenseitig, ob ihr richtig geschrieben habt!
  Nun darf der Partner ein Lernwort wählen. Übt so alle Lernwörter.

Bearbeitung der Aufgaben der Arbeitsblätter 21 und 22

# 12. Übungstext: „Mit dem Zeigefinger durch den Landkreis“

### 1. Hinführung zum Text

Schaffung einer Erwartungshaltung
Die Überschrift wird an die Tafel geschrieben.
*Impuls:* Lies die Überschrift. Kannst du dir denken, wie das gemeint ist?

### 2. Textbegegnung und inhaltliche Klärung

2.1. Übung im stillen Lesen; Auseinandersetzung mit dem Text
*Impuls:* Lies den Text nun still. Erkläre die Überschrift.
Jeder Schüler erhält ein Arbeitsblatt.

2.2. Wiedergabe von Informationen aus dem Text
*Impuls:* Worüber musste die Lehrerin lachen? Lies es vor.
Hervorheben und unterstreichen von Passagen
Was erklärte Frau Schneider ihren Schülern?
Lies die Sätze vor.
*Impuls:* Schreibe die Himmelsrichtungen an die Windrose.

2.3. Erlebtes und Erfahrenes folgerichtig und zusammenhängend darstellen
*Impuls:* Warum sollte man Karten lesen können?

### 3. Kennenlernen schriftlicher Gebrauchsformen Schreiben von Texten zu Illustrationen

Bearbeitung der Aufgabe ❶ des Arbeitsblattes 23

### 4. Rechtschriftliches Einprägen der Lernwörter

Zur Festigung der Lernwörter sollten auch hier Abschreib- und Partnerübungen wie bei Punkt 4 des 11. Übungstextes eingesetzt werden.
Bearbeitung der Aufgaben ❷ und ❸ des Arbeitsblattes 23 und der Aufgaben ❶ und ❷ des Arbeitsblattes 24

### 5. Sprachbetrachtung

5.1. Festigung der Zeitformen Präsens und Präteritum; Vertiefen der Einsicht, dass man mithilfe des Verbs Zeitliches ausdrücken kann
Bearbeitung der Aufgabe ❸ des Arbeitsblattes 24

5.2. Bildung von Wörtern mithilfe von Präfixen; Nutzen der Wortbausteine für die Rechtschreibung; Präfixe als Möglichkeit Wörter in ihrer Bedeutung zu verändern
Bearbeitung der Aufgabe ❹ des Arbeitsblattes 24

Name: ____________ Datum: ____________ Arbeitsblatt 17

# Mein türkischer Freund

Unsere Nachbarn kommen aus der Türkei. Sie wohnen seit einem Monat im Block neben uns. In der Bundesrepublik Deutschland gefällt es ihnen sehr. Sie leben gerne hier. Die deutsche Sprache sprechen sie noch nicht. Mit Achmed, einem zehnjährigen türkischen Jungen, verstehe ich mich ohne viele Worte zu wechseln. Wenn Achmed manchmal türkisch mit mir spricht, verstehe ich nichts. Es ist sicher nicht einfach, seine Heimat zu verlassen und in ein fremdes Land zu gehen. Darum ist Achmed froh, dass er einen Freund gefunden hat. (17 Lernwörter)

❶ In der Geschichte erfährst du nur den Namen des türkischen Jungen. Warum wird der Name des anderen Kindes nicht genannt?

In welchem Land wohnt Achmed? Schreibe es auf.

vorher ____________

jetzt ____________

❷ Im Text findest du folgende Lernwörter:

Nachbarn, wohnen, seit, Block, neben, Bundesrepublik Deutschland, leben, deutsch, sprechen, nicht, wechseln, manchmal, nichts, Heimat, Sprache

Suche die Wörter im Text und unterstreiche sie mit deiner Lieblingsfarbe. Schreibe sie in dein Heft.

❸ Entdeckst du Lernwörter, mit denen du Wortfamilien bilden kannst? Schreibe sie auf.

____________

____________

❹ Suche aus den Lernwörtern alle Substantive heraus und schreibe sie mit Artikel in dein Heft.

❺ Bilde Namenwörter (Substantive). Achtung, die Rückwärtswörter helfen dir!

leben → das ____________

wechseln → ____________

sprechen → ____________

wohnen → ____________

● Rückwärtswörter:
nebeL · leshceW · ehcarpS · gnunhoW



Oldenbourg Arbeitsblatt © R. Oldenbourg Verlag GmbH, München, Prögel Praxis: Unterrichtsmaterial 19, Diktate für das 3. Schuljahr

| Name: ______________________ | Datum: ______________ | Arbeitsblatt **18** |
|---|---|---|

❶ Entdeckst du in der Buchstabenschlange Lernwörter?
Spure sie nach und schreibe sie heraus.

❷ Setze die passenden Lernwörter ein.

| | |
|---|---|
| □□□□□□□ | 1. wohnt neben dir |
| □□□□□□ | 2. da bin ich geboren |
| □□□□□ | 3. großes Hochhaus |
| □□□□□□□□□□□ | 4. In diesem Land leben wir. |

❸ Der Kleckssteufel hat Buchstaben verwischt. Schreibe das Wort richtig.

| man▒mal | we▒seln | wo▒nen | Blo▒ |
|---|---|---|---|
| ______ | ______ | ______ | ______ |

❹ Ein Wort gehört nicht in die Reihe. Suche es und schreibe es in das Kästchen.
Warum bist du der Meinung, dass dieses Wort nicht dazugehört?

wohnen, leben, Block, sprechen ______

Deutschland, Nachbar, Heimat, deutsch ______

❺ seit  seid

Kennst du die Bedeutung der beiden Wörter? Setze richtig ein:

Ich bin ______ gestern krank.

______ vorsichtig!

Wir sind ______ einer Stunde hier.

______ ihr fertig?

| Name: | Datum: | Arbeitsblatt **19** |
|---|---|---|

# Geduld ist so schwer

Weihnachten steht vor der Tür. Die Mutter hat schon Weihnachtsplätzchen gebacken. Sabine und Michael können es vor Neugierde fast nicht mehr aushalten. Sie zählen die Tage bis zum Fest. Sabine hält ein Geschenk für ihre Eltern bereit. Sie hat es selbst gebastelt. Michael schneidet Sterne aus Glanzpapier aus. Sie sollen den Weihnachtsbaum schmücken. Ach, wenn es nur erst so weit wäre! Hoffentlich geht ihr Wunsch in Erfüllung. Sie wissen es noch nicht, denn weder Vati noch Mutti verraten etwas. Vater sagt nur: „Hab noch ein bisschen Geduld, mein Sohn.“ Wie werden ihre Augen strahlen, wenn sie im Schein der Kerzen ihre Geschenke öffnen dürfen. (16 Lernwörter)

❶ Welche Überraschung halten Sabine und Michael für Weihnachten bereit?
Kreuze die richtigen Antworten an.

- ○ Michael hat Pralinen und Bonbons gekauft.
- ○ Sabine bastelt ihre Geschenke selbst.
- ○ Michael schneidet Sterne aus Glanzpapier aus.
- ○ Sabine hat ein Gedicht gelernt.

❷ Im Text findest du folgende Lernwörter:

| |
|---|
| Weihnachten, gebacken, mehr, zählen, bereit, selbst, erst, gebastelt, schneidet, Weihnachtsbaum, wissen, weder, Sohn, strahlen, Kerzen, öffnen |

Suche die Wörter im Text und unterstreiche sie mit deiner Lieblingsfarbe.

❸ Schreibe die Lernwörter in dein Heft.
Erscheint dir ein Lernwort besonders schwierig, dann kennzeichne diese Stelle!

❹ Arbeite mit deinem Partner. Nimm ein Abdeckkärtchen zur Hand. Nenne ein Lernwort.
Prägt es euch ein, deckt es ab und schreibt es aus dem Gedächtnis auf. Kontrolliert gegenseitig, ob ihr richtig geschrieben habt! Nun darf der Partner ein Lernwort wählen.
Übt so alle Lernwörter.

❺ Was zu einem Weihnachtsfest gehört: Schreibe die Begriffe in dein Heft.

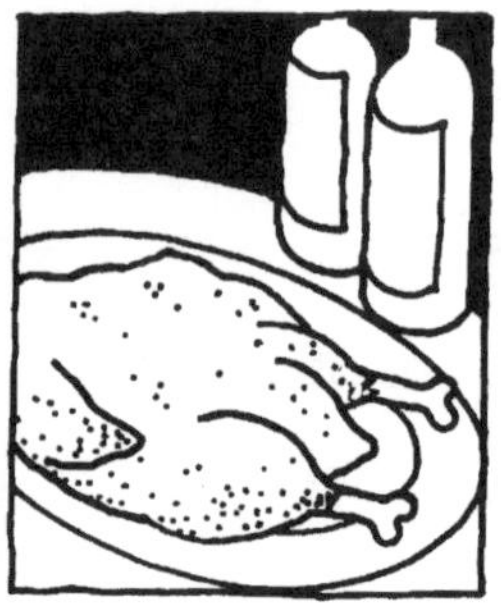

| Name: | Datum: | Arbeitsblatt **20** |
|---|---|---|

❶ Kannst du die Geisterschrift lesen?

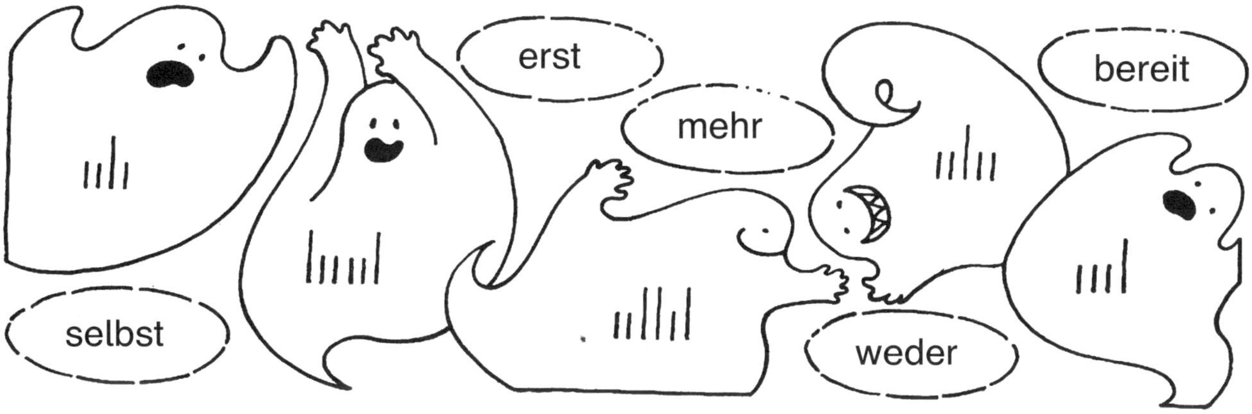


❷ Schreibe die zusammengesetzten Namenwörter (Substantive) auf.

❸ Schreibe die Tunwörter (Verben) in der ICH-Form und in der DU-Form.

zählen, backen, basteln, schneiden, wissen, strahlen, öffnen

| ich | du |
|---|---|
| | |
| | |
| | |
| | |
| | |
| | |

❹ Welches Wort sprichst du lang oder kurz? Ordne die Wörter in die Tabelle ein.

Sonne, Sohn, öffnen, Ofen, wissen, Wiese

| lang gesprochen | kurz gesprochen |
|---|---|
| | |
| | |
| | |

Name: ______________________ Datum: ______________ Arbeitsblatt 21

# Hurra, es schneit!

Draußen wirbeln dichte Flocken. Die Erde hüllt sich in ein weißes Kleid. Sogar der See bekommt eine Haut. Auf einmal sieht die Welt ganz anders aus. Die Schneeflocken tanzen hin und her, kreuz und quer. Es sind bestimmt Tausende. Man kann sie nicht zählen. Am meisten freuen sich die Kinder darüber. Jetzt können sie endlich Schlitten fahren. Sie ziehen sich warme Handschuhe an und setzen sich dicke gestrickte Mützen auf, damit sie nicht frieren. Jürgen hat vor seinem Haus einen Schneemann gebaut. Ein alter Topf dient als Hut. Die Augen sind ein paar Stückchen Kohle. Sogar einen Schal hat Jürgen lose um den Hals des Schneemanns gebunden (20 Lernwörter)

❶ Was ziehst du im Winter an? Suche aus dem Text die passenden Wörter.

❷ Schreibe zu jedem Bild einen Satz.

❸ Im Text findest du folgende Lernwörter:

schneit, Erde, weiß, See, einmal, Welt, anders, tanzen, kreuz und quer, Tausende, am meisten, dicke, gestrickte, Mützen, frieren, Topf, Kohle, lose

Suche die Wörter im Text und unterstreiche sie mit deiner Lieblingsfarbe.

| Name: | Datum: | Arbeitsblatt 22 |
|---|---|---|

❶ Bilde Reimwörter. Schreibe sie in dein Heft.

| | | | | | | | | | |
|---|---|---|---|---|---|---|---|---|---|
| S | ee | M | ütze | T | opf | K | ohle | E | rde |
| T | | Pf | | Z | | S | | Pf | |
| Schn | | | | K | | | | | |

❷ Meine Bluse ist **weiß.** Ich **weiß** etwas.

Kennst du die Bedeutung der eingerahmten Wörter? Suche aus dem Wörterverzeichnis 5 passende Namenwörter (Substantive) zur Farbe „weiß“, z. B. weiße Blüten.

______________________________

______________________________

❸ Stimmt das? Schreibe die Sätze richtig.

Der Schnee wärmt den Kopf. ______________________________

Die Mütze fällt vom Himmel. ______________________________

Der See ist voll Kohle. ______________________________

Der Ofen ist voll Wasser. ______________________________

❹

| | | |
|---|---|---|
| es schneit | stricken | erfroren |
| tanzen | Tänzer | verschneit |
| gestrickt | gefroren | getanzt |
| frieren | geschneit | Strickerin |

Male die Wortfamilien mit der gleichen Farbe aus.
Schreibe nun die Wortfamilien geordnet in dein Heft.

❺ Bilde zusammengesetzte Namenwörter (Substantive).

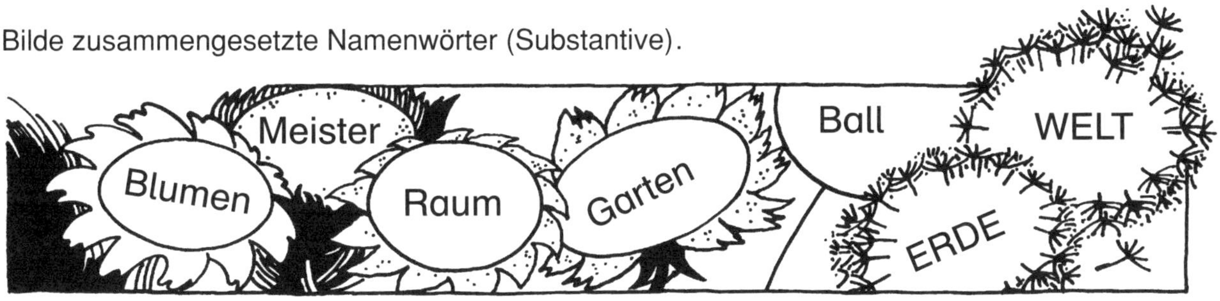


❻ Arbeite mit deinem Partner. Würfelt abwechselnd mit **einem** Augenwürfel.
Die gewürfelte Augenzahl gibt an, wie oft ihr das Wort schreiben sollt!

einmal, ______________________________

anders, ______________________________

lose, ______________________________

tausend, ______________________________

kreuz und quer, ______________________________

am meisten, ______________________________

Name: ______________________ Datum: ______________ Arbeitsblatt **23**

# Mit dem Zeigefinger durch den Landkreis

Frau Schneider brachte heute Karten unseres Heimatkreises mit. Wir hielten sie in der Hand, wussten aber nichts damit anzufangen. Frau Schneider lachte, weil manche Schüler die Karte völlig verdreht hatten. Das war ein Spaß! Schließlich sagte sie uns, wie man eine Karte richtig halten muss. Dann erklärte sie uns die Himmelsrichtungen. Wir erfuhren, dass auf der Karte Norden immer oben, Osten rechts, Westen links und Süden am unteren Kartenrand liegt. Eine riesengroße Karte unseres Kreises hängt vorn an der Wand. Wenn wir darauf etwas zeigen wollen, müssen wir auf einen Stuhl klettern. Wisst ihr schon, wo euer Heimatort auf der Karte zu finden ist? (18 Lernwörter)

❶ Schreibe zu jedem Bild eine kleine Geschichte.
Verwende folgende Wörter: klettern, Bergsteiger, Klettergerüst, Kletterstange

❷ Im Text sind folgende Lernwörter enthalten:

| |
|---|
| brachte, Karten, hielten, wussten, manche, verdreht, Spaß, halten, Norden, Osten, Westen, rechts, links, Kreis, hängt, vorn, Stuhl, klettern |

Suche die Wörter im Text und unterstreiche sie mit deiner Lieblingsfarbe.

❸ Kennst du den Spruch?

Im ______________ geht die Sonne auf,
im ______________ nimmt sie ihren Lauf,
im ______________ will sie untergehn,
im ______________ ist sie nie zu sehen.

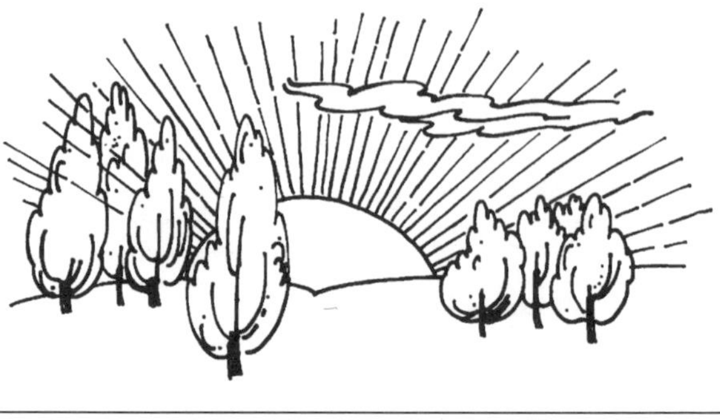

Setze ein: Osten, Westen, Süden, Norden

| Name: ____________________ | Datum: ____________ | Arbeitsblatt **24** |
| --- | --- | --- |

❶ Bilde zusammengesetzte Namenwörter (Substantive).

❷ Suche das Gegenteil und schreibe die Wortpaare in dein Heft.

links | hinten | oben | vorn | ______ | rechts | traurig | spaßig

❸ bringen – brachten
halten – hielten
wissen – wussten
hängen – hingen

Vervollständige die Sätze
Setze die Verbformen in der richtigen Zeitform ein.

a) Heute ____________________ ich meiner Freundin ein Geschenk.

b) Gestern ____________________ ich meine Schwester in den Kindergarten.

c) Mein Bruder ____________________ gerade die Wäsche auf.

d) Am Weihnachtsbaum ____________________ bunte Kugeln.

e) Der Bus ____________________ vor unserer Schule.

f) Letzte Woche ____________________ mein Vater sein altes Schulheft in der Hand.

g) Ich ____________________ nicht, wie spät es ist.

h) Gestern ____________________ ich nicht, dass meine Oma Geburtstag hatte.

❹ Bilde neue Wörter.

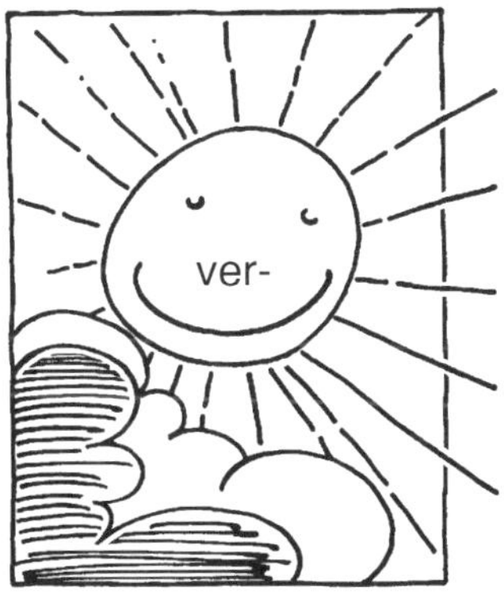


drehen ____________________

halten ____________________

bringen ____________________

tauschen ____________________

lernen ____________________

Weißt du den Spruch noch? **Die Vorsilbe ver- schreibt jeder Herr und jede Frau mit ...... !**

## 3. Lernkontrolle

Übersicht über die Lernwörter der 3. Übungseinheit:

*9. Übungstext:* Nachbarn, Republik, Deutschland, deutsch, wohnen, seit, leben, neben, Block, sprechen, nicht, nichts, spricht, wechseln, manchmal, Heimat, darum

*10. Übungstext:* Weihnachten, backen, mehr, zählen, bereit, selbst, basteln, schneiden, erst, wissen, weder, Sohn, strahlen, Kerzen, öffnen

*11. Übungstext:* schneien, Erde, weiß, See, einmal, anders, tanzen, kreuz und quer, tausend, am meisten, stricken, Mützen, darüber, frieren, Topf, Kohle, los(e), Welt

*12. Übungstext:* brachte, Karten, Kreis (Heimatkreis), wusste(n), manche, drehen, Spaß, halten, Norden, Osten, Westen, rechts, links, vorn, hängen, Stuhl, klettern

Vorschlag für die 3. Lernkontrolle

### Der erste Schnee

Der Winter hat Einzug gehalten. Heute Nacht fiel der erste Schnee. Die Felder und Wiesen sind weiß verschneit. Der See neben unserem Haus ist zugefroren. Die Welt sieht auf einmal anders aus. Die Schneeflocken tanzen kreuz und quer. Am meisten freuen sich die Kinder darüber. Nichts hält sie mehr zu Hause. Manche fahren Schlitten und andere Ski. Erst wenn es dunkel wird, gehen sie wieder in ihre Wohnungen.

Aufgabe: Schreibe die Geschichte weiter.
Verwende 15 Wörter, die zum Inhalt passen und die du sicher schreiben kannst!
Benutze das Wörterbuch. Zweifelst du an der Richtigkeit mancher Wörter? Verschaffe dir Gewissheit.

Zusammensetzung der Lernkontrolle:

71 Wörter: 6 neue Wörter
22 Lernwörter aus der 3. Übungseinheit
43 Wörter des Grundwortschatzes zurückliegender Unterrichtseinheiten

# 13. Übungstext: „**Boote**“

### 1. Textbegegnung und inhaltliche Klärung

1.1. Übung im stillen Lesen; Auseinandersetzung mit dem Text

Jeder Schüler erhält das Arbeitsblatt 25

*Impuls:* Lies den Text still durch. Er stammt aus einem Lexikon. Was erfährst du über „Boote“?

1.2. Wiedergabe von Informationen aus dem Text; Hervorheben und Unterstreichen von Passagen

*Impulse:* Wodurch unterscheiden sich die Schiffe der Römer vom Einbaum, Kanu und Kajak? Suche den Satz, der dir darauf Antwort gibt und unterstreiche! Finde heraus, weshalb größere Boote ein Beiboot mit sich führen! Lies den Satz vor.

### 2. Verstehen und Gestalten

2.1. Zusammenfassen von Kenntnissen; Arbeit mit Stichwörtern

Lies nochmals still, damit du aus den Wörtern und Wortgruppen Sätze bilden kannst!

*Tafelbild:*

| | | |
|---|---|---|
| Steinzeitmenschen | bespannten Knochen mit Tierfellen | Einbaum |
| Eskimos | Holz und Rinden | Kanus |
| Indianer | höhlten mit Feuer Baumstämme aus | Kajaks |

Die Wortgruppen werden ungeordnet an die Tafel geschrieben. Die Schüler sollen anhand des Textes aus den Wortgruppen inhaltlich richtige Sätze bilden.

2.2. Ausdenken und Aufschreiben von Geschichten; Umsetzen von Texten in bildnerische Formen

Arbeitsblatt 26, Aufgabe ❸: Zum Ausgang der Geschichte soll jedes Kind ein Bild zeichnen oder malen. Das könnte in enger Vernetzung mit dem Fach Künstlerisches Gestalten entstehen.

### 3. Rechtschriftliches Einprägen der Lernwörter

Bearbeiten der Aufgaben ❶ bis ❸ des Arbeitsblattes 25 und der Aufgaben ❶ und ❷ des Arbeitsblattes 26

# 14. Übungstext: „**Der geheilte Patient**“

### 1. Textbegegnung und inhaltliche Klärung

1.1. Übung im stillen Lesen; Auseinandersetzung mit dem Text(nach Johann Peter Hebel, Die zweibeinige Apotheke); Hervorheben und unterstreichen von Passagen

Jeder Schüler erhält ein Arbeitsblatt 27.

*Impuls:* Lies den Text leise durch. Wodurch wurde der Mann krank? Unterstreiche den Satz, der dir darauf Antwort gibt!

1.2. Wiedergabe von Informationen aus dem Text

*Impuls:* Schreibe auf, welches Rezept ihm der Wunderdoktor verschrieb!

Hat die Medizin des Wunderdoktors gewirkt? Lies vor, wie er sich nach der Behandlung fühlte!

1.3. Erkennen des Realitätsgehaltes der Geschichte; Gehörtes zunehmend kritisch werten;

*Impuls:* Weshalb kann ein armer Mann nicht an dieser Krankheit erkranken?

### 2. Verstehen und Gestalten

Darstellen von Problemen und Konflikten des täglichen Lebens; Äußerungen zu Motiven handelnder Personen; Schlussfolgerungen für das eigene Handeln

*Impuls:* Stell dir vor, du wärst dieser Wunderdoktor. Welchen Rat würdest du dem Mann geben, damit er nicht wieder krank wird. Schreibe selbst ein Rezept.

### 3. Rechtschriftliches Einprägen der Lernwörter

Bearbeitung der Arbeitsblätter 27 und 28

3.1. Verwenden des Stammprinzips als Lösungshilfe

Die folgenden Wörter werden an die Tafel geschrieben: **rund jemand Tod während seid**

*Impuls:* Sprich diese Wörter deutlich.

Welche Gemeinsamkeit haben alle diese Wörter? Kennzeichne.

Welche Lösungshilfe nutzt du, wenn du dir nicht sicher bist, ob du „t“ oder „d“ am Wortende schreiben musst?

3.2. Kennenlernen und Üben von Ableitungen: AB 28, Aufgabe ❶

3.3. Kontinuierliche Nachschlageübungen: AB 28, Aufgabe ❸

3.4. Festigung der Kenntnisse über Zeitformen; Erkennen der Formveränderungen bei starken Verben: AB 28, Aufgabe ❷

3.5. Nutzen der Wortbedeutung für die Rechtschreibung: AB 28, Aufgabe ❹

# 15. Übungstext: „Geburtstagsgrüße“

**1. Hinführung zum Text**

Schaffung einer Erwartungshaltung; Erlebtes und Erfahrenes folgerichtig und zusammenhängend darstellen

Die Überschrift wird an die Tafel geschrieben.
*Impuls:* Lies dir die Überschrift durch.
Wovon könnte unsere Geschichte handeln?

**2. Textbegegnung und inhaltliche Klärung**

2.1. Übung im stillen Lesen; Vergleich der Erwartungshaltung mit dem Inhalt des Textes

Jeder Schüler erhält ein Arbeitsblatt.
*Impuls:* Lies still. Stimmt die Geschichte mit deiner Fantasiegeschichte überein?

2.2. Wiedergabe von Informationen aus dem Text; Hervorheben und unterstreichen von Passagen

*Impulse:* Schreibe auf, was Ines für ihre Geburtstagsgäste vorbereitet hat!
In welchem Sternzeichen ist Ines geboren worden? Unterstreiche.
Welchen Wunsch äußert ihre Freundin Petra? Schreibe auf.

2.3. Kreativer Umgang mit dem Text; Umsetzen in bildnerische Formen

*Impuls:* Zeichne auf, was Ines ihren Gästen auf der Geburtstagsfeier anbietet.

2.4. Übungslesen; Weiterentwicklung der Lesefertigkeit durch Erfassen zunehmend schwierigerer Wörter

| | | | | |
|---|---|---|---|---|
| Steinbock | Wassermann | Fische | Widder | Stier |
| Zwillinge | Krebs | Löwe | Jungfrau | Waage |
| Skorpion | Schütze | | | |

Die Namen der Sternzeichen werden als Tafelbild oder Folie angeboten. Als Leseübung kann das Blitzlesen durchgeführt werden: Ein Wort wird nur ganz kurz gezeigt. Wer kann es am schnellsten lesen?

2.5. Festigung der Kenntnisse über die wörtliche Rede; Lesen mit verteilten Rollen

Lies vor, welche Geburtstagsgrüße Oma überbringt!
*Impuls:* Woran hast du erkannt, was Oma sagte? Kennzeichne die wörtliche Rede.

**3. Verstehen und Gestalten**

Szenisches Gestalten; Situation in Form von Spielszenen nachgestalten
*Impuls:* Wie würdest du gratulieren? Übe mit einem Partner.
Überbringe Grüße: zum Geburtstag, zu Neujahr, zum Weihnachtsfest
Folgende Wörter kannst du sicher gebrauchen:

übermitteln, senden, wünschen, gratulieren
froh, Weihnachtsfest, alles Gute, viel Glück, Gesundheit,
herzliche Glückwünsche, Geburtstagsgrüße

Die Wörter und Wortgruppen können mit den Schülern auch mündlich erarbeitet und an die Tafel geschrieben werden. Danach kann von den Schülern selbstständig AB 30, Aufgabe ❹ bearbeitet werden.

**4. Rechtschriftliches Einprägen der Lernwörter**

Bearbeitung der Arbeitsblätter 29 und 30

- Schreibe die Lernwörter in dein Heft.
  Erscheint dir ein Lernwort besonders schwierig, dann kennzeichne diese Stelle!
- Arbeite mit einem Partner.
  Nimm ein Abdeckkärtchen zur Hand. Nenne ein Lernwort. Prägt es euch ein, deckt es ab und schreibt es aus dem Gedächtnis auf. Nun darf der Partner ein Lernwort wählen. Übt so alle Lernwörter.

# 16. Übungstext: „Ohne Fleiß kein Preis“

## 1. Hinführung zum Text

Schaffung einer Erwartungshaltung;
Die Überschrift wird an die Tafel geschrieben.
*Impuls:* Lies die Überschrift. Erkläre dieses Sprichwort.
Kennst du noch andere Sprichwörter? Erkläre ihre Bedeutung.
Die von den Schülern genannten Sprichwörter werden an die Tafel geschrieben. Zur Auswahl könnten folgende Sprichwörter angeboten werden:

- Lügen haben kurze Beine!
- Wer andern eine Grube gräbt, fällt selbst hinein!
- Was man im Frühling sät, kann man im Herbst ernten!
- Früh übt sich, wer ein Meister werden will!
- Es ist noch kein Meister vom Himmel gefallen!

## 2. Textbegegnung und inhaltliche Klärung

Übung im stillen Lesen; Wiedergabe von Informationen aus dem Text
*Impuls:* Lies die Geschichte still. Was erfährst du über Anne und Karina? Lies die Sätze vor.

## 3. Verstehen und Gestalten

3.1. Hinführung zur Wiedergabe von Texten; Zuordnung von Handlungsabläufen und Eigenschaften

*Folie:*

> Ordne die Wortgruppen richtig zu:
> turnt gern, schöne Schrift, hüpft weit,
> springt höher, macht sofort Hausaufgaben,
> legt Wert auf Ordnung
>
> **Anne** **Karina**

Die Wortgruppen werden an die Tafel geschrieben oder als Folie aufgelegt. Die Schüler ordnen sie den Handlungsträgern zu. Die Aufgabe kann mündlich oder schriftlich beantwortet werden.

3.2. Zusammenfassen von Kenntnissen anhand von Stichwörtern

*Impuls:* Fasse zusammen, was du über Karina und Anne weißt!

3.3. Wertung des Gehörten; Begründen der eigenen Meinung

*Impuls:* Wie würdest du die Frage am Ende des Textes beantworten?

3.4. Erlebtes und Erfahrenes folgerichtig und zusammenhängend darstellen

*Impuls:* Hast du auch ein Hobby? Erzähle davon.

## 4. Rechtschriftliches Einprägen der Lernwörter

Bearbeitung der Arbeitsblätter 31 und 32

| Name: | Datum: | Arbeitsblatt 25 |
|---|---|---|

Boote sind kleine Wasserfahrzeuge, die durch Paddel, Ruder, Segel oder Propeller angetrieben werden. Die älteste Form des Bootes ist der Einbaum aus der Steinzeit. Die Menschen höhlten früher mit einfachen Werkzeugen oder mit Feuer einen Baumstamm aus. Die Eskimos bespannten Knochen mit Tierfellen. Sie nennen diese Einmannboote Kajaks. Die Indianer bauen ihre Kanus aus Holz und Rinden. Die Römer hatten hölzerne Schiffe mit Rudern, Segel und Steuer. Damit segelten sie über die Meere. Größere Schiffe führen ein Beiboot mit sich, das wie ein Kahn aussieht. Diese Rettungsboote können wegen der Luftkissen nicht sinken. Auch kleinere Kriegsschiffe bezeichnet man als Boote. Dazu gehören Unterseeboote, Schnellboote und Minenräumboote. (13 Lernwörter)

❶ Im Text findest du folgende Lernwörter:

> Boote, höhlten, früher, nennen, Steuer, Meere, Beiboot, Kahn, wegen, Kriegsschiffe

Suche die Wörter im Text und unterstreiche sie mit deiner Lieblingsfarbe.

❷ Was gibt es alles im Meer?

❸

| | | |
|---|---|---|
| Höhle | Frühling | hohl |
| nennen | holen | genannt |
| abholen | Nennform | Wiederholung |
| früh | aushöhlen | früher |

Male die Wortfamilien mit der gleichen Farbe aus.
Schreibe die Wortfamilien geordnet ab.

| Name: | Datum: | Arbeitsblatt **26** |
|---|---|---|

❶ Im Text findest du verschiedene Arten von Booten. Schreibe sie heraus und spure in jedem Wort das **oo** nach. Kennst du noch andere Boote?

❷ Präge dir die Wörter mit **oo** und **ee** ein. Decke sie mit einem Kärtchen ab und schreibe sie auswendig.

| Zoo | Boot | Moos | Meer | See | Schnee |
|---|---|---|---|---|---|
| | | | | | |

❸ Schreibe zu den Bildern eine Geschichte. Verwende die Wörter, die unter jedem Bild stehen. Wie endet die Geschichte? Male dazu ein Bild in das freie Kästchen.

**„Das ging noch einmal gut"**

alter Kahn
Ufer

Kahnfahrt
allein

löchriger Kahn
Wasser

| | | |
|---|---|---|
| Name: | Datum: | Arbeitsblatt **27** |

# Der geheilte Patient

Ein reicher Amsterdamer aß und trank den ganzen Tag. Die besten Speisen ließ er sich schmecken. Wenn man ihn aber selber hörte, so hatte er dreihundertfünfundsechzig Krankheiten. Von Minute zu Minute hatte er andere Leiden. Er dachte schon, er müsse sterben. Alle Spritzen und Mixturen halfen nichts. Er schrie und jammerte rund um die Uhr. Eines Tages erzählte ihm jemand von einem Wunderdoktor, von dem die Kranken gesund werden, wenn er sie nur anschaut, und dem der Tod aus dem Weg geht. Der Doktor versprach ihm, seinen Zustand zu ändern. Er befahl ihn zu sich, aber er sollte zu Fuß spazieren. Er gab ihm auch den Rat, während des Spazierganges wenig zu essen, zweimal am Tag einen Teller voll Gemüse mit wenig Salz, mittags ein Bratwürstlein und nachts ein Ei. Als er zum Doktor kam, war er frisch wie nie zuvor und sagte: „Herr Doktor, mir fehlt nichts, und wenn Ihr so gesund seid wie ich, so soll's mich freuen". (18 Lernwörter)

*(nach Johann Peter Hebel „Die zweibeinige Apotheke")*

❶ Im Text findest du folgende Lernwörter:

aß, besten, schmecken, selber, Minute, sterben, Spritzen, schrie, rund, jemand, Tod, ändern, spazieren, während, Salz, Bratwürstlein, frisch, seid

Suche die Wörter im Text und unterstreiche sie mit deiner Lieblingsfarbe.
Schreibe sie in dein Heft.

❷ Schreibe aus den Lernwörtern alle Substantive heraus.
Ordne nach dem Alphabet.
Welche Substantive kannst du trennen?

❸ Suche aus dem Silbenrätsel zusammengehörige Silben und schreibe die Wörter auf.

| | | | |
|---|---|---|---|
| sel | wäh | dern | rend |
| än | je | ber | mand |

| Name: ______________________ | Datum: ______________ | Arbeitsblatt **28** |
|---|---|---|

❶ Schreibe die fehlenden Namenwörter (Substantive) und Wiewörter (Adjektive).
Unterstreiche den Wortstamm.

| | |
|---|---|
| das | salzig |
| die Rundung | |
| | frisch |
| der Tod | |

Hast du das Adjektiv richtig???

❷ Fülle die Tabelle aus.

| Grundform (Nennform) | Gegenwart | Vergangenheit |
|---|---|---|
| | es | es schmeckte |
| | er | er aß |
| sterben | er | er |
| | ich | ich schrie |
| spazieren | er | er |

❸ Suche aus dem Wörterbuch passende Namenwörter (Substantive).

frisches Obst

runde Tische

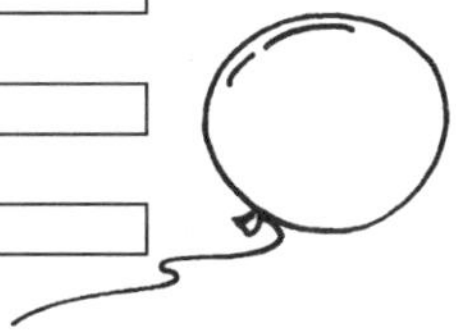

❹ Hast du dir den Unterschied gemerkt?

Setze richtig ein.

Wir haben ________ gestern Ferien.

Ich freue mich, dass ihr gekommen ________ .

________ ihr mit den Hausaufgaben fertig?

________ vier Wochen habe ich ein kleines Brüderchen.

| Name: | Datum: | Arbeitsblatt 29 |
|---|---|---|

# Geburtstagsgrüße

Ines hat Geburtstag. Sie ist im Sternzeichen „Krebs“ geboren. Am Nachmittag gibt Ines eine Party. Sie findet nicht in der Wohnung statt, sondern im Garten. Dort hat sie Tische und Bänke aufgestellt. Ihre Mutter hat noch Luftballons und bunte Bänder aufgehängt, bevor die Geburtstagsgäste kamen. Zuerst gratuliert ihre Freundin Petra. Sie wünscht ihr viel Glück und Gesundheit. Dann schließen sich alle anderen an. Oma sagt: „Ich gratuliere recht herzlich. Bleib ein so fleißiges und freundliches Mädchen!“ Ines gießt für jeden ein Glas Saft ein. Dann bekommen alle ein extra großes Stück von der Geburtstagstorte. (17 Lernwörter)

❶ Im Text findest du folgende Lernwörter:

Geburtstagsgrüße, Geburtstag, geboren, sondern, Bänke, Bänder, bevor, gratuliert, wünscht, Glück, Gesundheit, schließen, fleißig, freundlich, gießt, Saft, extra

Suche die Wörter im Text und unterstreiche sie mit deiner Lieblingsfarbe. Schreibe die Wörter in dein Heft und kennzeichne die schwierige Stelle des Wortes.

❷ Das Wort „Geburtstag“ steht im Text einige Male als zusammengesetztes Namenwort/Substantiv. Schreibe diese Wörter heraus und gib die einzelnen Bestandteile an. Setze die anderen Wörter in der Tabelle zusammen.

| | | |
|---|---|---|
| Geburtstagstorte | Geburtstag | Torte |
| | | |
| | | |
| | Geburtstag | Kind |
| | Geburtstag | Kuchen |
| | Geburtstag | Geschenk |

❸ Suche aus der Buchstabenschlange die Lernwörter heraus. Male sie farbig an. Schreibe die gefundenen Wörter heraus. Achte auf die Substantive.

| Name: | Datum: | Arbeitsblatt **30** |
|---|---|---|

❶ Schreibe alle Namenwörter (Substantive) aus der Geschichte heraus, die Umlaute enthalten! Schreibe ein Wort aus der Wortfamilie dazu. Was kannst du erkennen.

| Bänke | Bank | gehängt | der Hang |
|---|---|---|---|
| | | | |
| | | | |
| | | | |

❷ Bilde Wörter.

| be | da | her |
|---|---|---|
| zu | | bei |
| | vor | |

❸ Kennst du die Vergangenheitsform? Suche sie im Wörterbuch und vervollständige die Tabelle.

| | |
|---|---|
| gießen | ich |
| schließen | ich |
| binden | ich |
| geben | ich |

❹ Betrachte die Bilder. Wie würdest du deiner Freundin oder deinem Freund zu diesem Fest gratulieren?

Geburtstag

Neujahr

Weihnachten

Name: ______________________ Datum: ______________ Arbeitsblatt **31**

# Ohne Fleiß kein Preis

Anne und Karina sind Zwillinge. Sie sehen sich sehr ähnlich. Man muss aufpassen, dass man sie nicht verwechselt. Ihre Interessen sind jedoch ganz unterschiedlich. Annes Lieblingsfach ist Sport. Sie turnt sehr gern. Beim Laufen schafft sie Bestzeiten. Beim Hochsprung springt sie viel höher als ihre Schwester. Anne kann auch am weitesten von allen hüpfen. Ihr Vati hat den Heizungskeller als Gymnastikraum eingerichtet, damit sie ihr Hobby betreiben kann. Karina hat eine Vorliebe für das Fach Deutsch. Sport liegt ihr weniger. Sie hat dafür eine tadellose Schrift. Auf ihrem Zeugnis erhält sie dafür immer ein extra Lob. Zu Hause erledigt Karina sofort ihre Aufgaben. Sie legt großen Wert auf Ordnung. Alles muss an Ort und Stelle sein. Kein Stift liegt irgendwo herum. Wer von beiden ist nach euerer Meinung tüchtiger? (18 Lernwörter)

**1** Im Text sind folgende Lernwörter enthalten:

Fleiß, ähnlich, aufpassen, verwechselt, turnt, schafft, höher, hüpfen, Heizungskeller, Schrift, Zeugnis, Aufgabe, sofort, Wert, Ort, Stift, tüchtiger, Sport

Suche die Wörter im Text und unterstreiche sie mit deiner Lieblingsfarbe.

**2** Suche aus den Lernwörtern alle Namenwörter (Substantive) heraus.
Ordne sie nach dem Alphabet.

**3** Bilde neue Wörter.

wechseln, rechnen, laufen, lernen, schaffen

ver-

| | |
|---|---|
| | |
| | |
| | |

Hast du dir die Eselsbrücke gemerkt?
Die Vorsilbe ver- schreibt jeder Herr und jede Frau mit ... !

**4**

| | | |
|---|---|---|
| hoch | abwechseln | Verwechslung |
| ähnlich | wertvoll | Ahnen |
| Wert | Ähnlichkeit | verwerten |
| wechseln | höher | am höchsten |

Male die Wortfamilien mit der gleichen Farbe aus. Schreibe die Wortfamilien geordnet in dein Heft.

Name: ______________________ Datum: ______________ Arbeitsblatt **32**

❶

| Grundstufe | Mehrstufe | Meiststufe |
|---|---|---|
| ähnlich | | am |
| fleißig | | am |
| | tüchtiger | am |
| hoch | | am |

Vervollständige die Tabelle.

❷ Stimmt das? Schreibe die Sätze richtig.

Der Lehrer turnt auf dem Baum.
Der Affe gibt mir mein Zeugnis.
Der Stift ist falsch.
Die Aufgabe wird gespitzt.

______________________________

______________________________

______________________________

______________________________

❸ Findest du die Wörter, die nicht in die Reihe gehören?

Schreibe das Wort, das du gefunden hast, in das leere Kästchen!

| | | | | |
|---|---|---|---|---|
| höher | tüchtiger | hüpfen | ähnlich | |
| Fleiß | Stift | Zeugnis | sofort | |
| verwechseln | Zeugnis | schaffen | aufpassen | |

Suche zu den Lernwörtern Reimwörter. Schreibe sie in dein Heft.

❹

| | | | | | |
|---|---|---|---|---|---|
| f / H / Sp | ort | h / schl | üpfen | L / St / G | ift |

# 4. Lernkontrolle

Übersicht über die Lernwörter der 4. Übungseinheit:

*13. Übungstext:* Boote, höhlen (Höhle), früher, nennen, Steuer, Meer, Kahn, Beiboot, Unterseeboot, Schnellboot, Krieg, wegen

*14. Übungstext:* aß (essen), beste (-r, -n...), schmecken, selber, Minute, sterben, Spritzen, schrie (schreien), rund, jemand, Tod, ändern, spazieren, während, Salz, Wurst, frisch, seid

*15. Übungstext:* Grüße, Geburtstag, geboren, sondern, Bank, Band, bevor, gratulieren, wünschen, Glück, Gesundheit, schließen, fleißig, freundlich, gießen, Saft, extra

*16. Übungstext:* Fleiß, ähnlich, aufpassen, wechseln (verwechseln), Sport, turnen, schaffen, höher, Heizung (heizen), hüpfen, Schrift, Zeugnis, sofort, Aufgabe, Ort, Stift, tüchtig, Wert

Vorschlag für die 4. Lernkontrolle

## Ferien am Meer

Unseren Urlaub verbrachten wir in diesem Jahr an der Nordsee. Wir wohnten in einem kleinen Ort in der Nähe von Wilhelmshaven. Dort an der Küste wehte ein frischer Wind. Viele Fischerboote fuhren früh aufs Meer hinaus, bevor die Sonne aufging. Sofort warfen sie ihre Netze aus. Mit etwas Glück fuhren sie mit reichem Fang nach Hause. Die Fischer sagten: „Ohne Fleiß kein Preis." Während unseres Urlaubs aßen wir meistens Fisch. Ganz frisch schmecken sie am besten und sind sehr gesund.

Aufgabe: Schreibe die Geschichte weiter.
Verwende 15 Wörter, die zum Inhalt passen und die du sicher schreiben kannst!
Benutze das Wörterbuch. Zweifelst du an der Richtigkeit mancher Wörter? Verschaffe dir Gewissheit.

Zusammensetzung der Lernkontrolle:

83 Wörter: 9 neue Wörter („Urlaub" doppelt)
14 Lernwörter aus der 4. Übungseinheit
58 Wörter des Grundwortschatzes zurückliegender Unterrichtseinheiten

# 17. Übungstext: „Ein Name für eine Brücke“

**1. Hinführung zum Text**

Schaffung einer Erwartungshaltung
Jeder Schüler erhält ein Arbeitsblatt 33.
*Impuls:* Lies die Überschrift. Wovon könnte unsere Geschichte handeln?
Die Überschrift wird an die Tafel geschrieben.

**2. Textbegegnung und inhaltliche Klärung**

2.1. Übung im stillen Lesen; Auseinandersetzung mit dem Text;
*Impuls:* Lies den Text still.
Erkläre den Begriff „Volksmund“.

Musik – Volk – ?
/ \
Lieder – Tanz

Kennst du ähnliche Bezeichnungen?
Die von den Schülern genannten Begriffe werden an die Tafel geschrieben. Die Schüler sollen daraus zusammengesetzte Substantive bilden und in ihr Heft schreiben.

2.2. Kontrolle der Sinnerfassung: Bearbeitung der Aufgabe ❶ des Arbeitsblattes 33

2.3. Wiedergabe von Informationen aus dem Text
*Impuls:* Schreibe auf, an welchen Feiertagen viele Leute in die Kirche gehen!

2.4. Überprüfen des Wirklichkeitsgehaltes des Textes; Herstellen von Verbindungen zur regionalen Heimatgeschichte
*Impuls:* Kennt ihr in eurer Nähe auch Gebäude, Brücken o. Ä., die gleichartige Namen haben? Erkläre die Bedeutung.

**3. Rechtschriftliches Einprägen der Lernwörter**

Bearbeitung der Arbeitsblätter 33 und 34
- Schreibe die Lernwörter in dein Heft.
  Erscheint dir ein Lernwort besonders schwierig, dann kennzeichne diese Stelle!
- Arbeite mit einem Partner.
  Nimm ein Abdeckkärtchen zur Hand. Nenne ein Lernwort.
  Prägt es euch ein, deckt es ab und schreibt es aus dem Gedächtnis auf. Kontrolliert gegenseitig, ob ihr richtig geschrieben habt! Nun darf der Partner ein Lernwort wählen. Übt so alle Lernwörter.

# 18. Übungstext: „Pilze als Ordnungshüter“

**1. Hinführung zum Text**

Schaffung einer Erwartungshaltung
Die Überschrift wird an die Tafel geschrieben
*Impuls:* Was ist ein Ordnungshüter?
Kannst du dir vorstellen, dass Pilze diese Rolle übernehmen?

**2. Textbegegnung und inhaltliche Klärung**

2.1. Übung im stillen Lesen; Auseinandersetzung mit dem Text; Wiedergabe von Informationen aus dem Text
Jeder Schüler erhält ein Arbeitsblatt 35.
*Impuls:* Lies den Text still. Kannst du die Überschrift jetzt erklären?
Unterstreiche den Satz, der dir darauf Antwort gibt!

2.2. Kreativer Umgang mit einem Text; Umsetzen in bildnerische Formen
*Impuls:* Was erfährst du über den Fliegenpilz? Unterstreiche die Sätze. Male nach dieser Beschreibung einen Fliegenpilz.

**3. Verstehen und Gestalten**

3.1. Üben im mündlichen oder schriftlichen Beschreiben
*Impuls:* Beschreibe den Fliegenpilz, damit ihn jeder erkennen kann.

3.2. Formulieren von Aussagen zu einer Aufgabe; Herausschreiben wesentlicher Informationen; Schlussfolgerungen für das eigene Handeln
*Impuls:* Weshalb können Pilze gefährlich sein? Schreibe es auf.
Klaus tritt im Wald alle giftigen Pilze um. Was meinst du dazu?
Gibt es Pilze, die auch im Winter wachsen? Suche die Antwort im Text. Wenn ja, beantworte folgende Fragen:
1.) Wie heißen die Pilze, die im Winter wachsen?
2.) Wo wachsen diese Pilze?
3.) Wie sehen sie aus?
Die Fragen werden an die Tafel geschrieben und können mündlich oder schriftlich beantwortet werden.

**4. Rechtschriftliches Einprägen der Lernwörter**

Bearbeitung der Arbeitsblätter 35 und 36

## 19. Übungstext: „**Mit dem Taxi durch Berlin**“

**1. Textbegegnung und inhaltliche Klärung**

Übung im stillen Lesen; Auseinandersetzung mit dem Text
Jeder Schüler erhält ein Arbeitsblatt 37.
*Impuls:* Lies dir den Text still durch. Weshalb ist die Familie mit dem Taxi durch Berlin gefahren?

1.2. Kontrolle der Sinnerfassung
Bearbeitung der Aufgabe ❶ des Arbeitsblattes 37

1.3. Übungslesen; Herauslösen von Angaben aus dem Text
*Impuls:* Schreibe auf, weshalb es dem Kind im Tierpark gefiel!

1.4. Äußerungen zu Motiven handelnder Personen; Schlussfolgerungen für das eigene Handeln
*Impuls:* Lies vor, was auf dem Schild im Zoo steht! Warum bringt man solche Schilder an? Unterstreiche die Sätze, die dir darauf Antwort geben!

**2. Verstehen und Gestalten**

Erfinden einer Geschichte zu folgenden Reizwörtern:
**Tierpfleger – Zoo – leerer Käfig**
*Impuls:* Schreibe zu den Reizwörtern eine kleine Geschichte. Denke dir auch eine passende Überschrift aus.
Die Reizwörter werden an die Tafel geschrieben. Die Schüler schreiben aus dem Text Wörter heraus, die in der erfundenen Geschichte vorkommen könnten, z. B. Tiere, Futter, fressen.

**3. Kreativer Umgang mit einem Text; Umsetzen in bildnerische Formen**
*Impuls:* Zeichne oder male ein Bild zu deiner erfundenen Geschichte.
Die bildnerische Umsetzung könnte in enger Vernetzung mit dem Fach Künstlerisches Gestalten geschehen.

**4. Rechtschriftliches Einprägen der Lernwörter**

Bearbeitung der Aufgaben ❷ und ❸ des Arbeitsblattes 37 und von Arbeitsblatt 38

- Schreibe die Wörter in dein Heft.
  Erscheint dir ein Lernwort besonders schwierig, dann kennzeichne diese Stelle!
- Arbeite mit deinem Partner.
  Nimm ein Abdeckkärtchen zur Hand. Nenne ein Lernwort.
  Prägt es euch ein, deckt es ab und schreibt es aus dem Gedächtnis auf. Kontrolliert gegenseitig, ob ihr richtig geschrieben habt! Nun darf der Partner ein Lernwort wählen.
  Übt so alle Lernwörter.

– Verwenden des ethymologischen Prinzips der Stammbewahrung: AB 38, Aufgabe ❸
– Festigung der Kenntnisse über die Zeitformen: Aufgabe ❷ des AB 38
– Festigung der Kenntnisse über die Satzarten: ❹ des AB 38

## 20. Übungstext: „**Arznei, die keinen Pfennig kostet**“

**1. Hinführung zum Text**

Schaffung einer Erwartungshaltung; Erlebtes und Erfahrenes folgerichtig und zusammenhängend darstellen
Die Überschrift wird an die Tafel geschrieben.
*Impuls:* Lies dir die Überschrift durch. Erkläre, was damit gemeint sein könnte.

**2. Textbegegnung und inhaltliche Klärung**

2.1. Übung im stillen Lesen; Vergleich der Erwartungshaltung mit dem Inhalt des Textes
Jeder Schüler erhält ein Arbeitsblatt 39.
*Impuls:* Lies dir den Text still durch. Kannst du die Überschrift jetzt erklären?

2.2. Übungslesen; Wiedergabe von Informationen aus dem Text
*Impuls:* Nenne Vorteile, die Heilkräuter gegenüber anderen Medikamenten besitzen! Die Antwort findest du im Text. Unterstreiche die Sätze.
Schreibe auf, welche Teile der Heilkräuter gesammelt werden!
Bearbeitung der Aufgabe ❶ des Arbeitsblattes 39.

2.3. Kontrolle der Sinnerfassung
Bearbeitung der Aufgabe ❷ des Arbeitsblattes 39.

**3. Mündlicher/Schriftlicher Sprachgebrauch; Beschreiben von Tätigkeiten**

*Impuls:* Beschreibe so, dass man nach deiner Anweisung eine leckere Quarkspeise herstellen kann!
Folgendes Tafelbild sollte mit den Schülern erarbeitet werden: Die Beschreibung kann mündlich oder schriftlich erfolgen.

*Tafel:*

| |
|---|
| So stelle ich eine leckere Quarkspeise her: |
| Zutaten: Quark, Beeren (Erdbeeren, Heidelbeeren, Himbeeren...), Zucker |
| Geräte: Mixer, Schüssel oder hoher Krug |

Bearbeitung der Aufgabe ❷ des Arbeitsblattes 40

**4. Rechtschriftliches Einprägen der Lernwörter**

Bearbeitung der Aufgabe ❸ des Arbeitsblattes 39 und der Aufgabe ❶ des Arbeitsblattes 40.

- Schreibe die Wörter in dein Heft.
  Erscheint dir ein Lernwort besonders schwierig, dann kennzeichne diese Stelle!
- Arbeite mit einem Partner.
  Nimm ein Abdeckkärtchen zur Hand. Nenne ein Lernwort.
  Prägt es euch ein, deckt es ab und schreibt es aus dem Gedächtnis auf. Kontrolliert gegenseitig, ob ihr richtig geschrieben habt! Nun darf der Partner ein Lernwort wählen.
  Übt so alle Lernwörter.
- Im Text stehen mehrere Wörter mit [ee].
  Schreibe sie heraus und spure [ee] nach.
  Suche aus deinem Wörterbuch weitere Beerensorten heraus und schreibe sie auf.

## 21. Übungstext: „**Bruderstreit**"

**1. Textbegegnung und inhaltliche Klärung; Kontrolle der Sinnerfassung**

Jeder Schüler erhält ein Arbeitsblatt 41.
Bearbeitung der Aufgabe ❶ des Arbeitsblattes 41

1.2. Wiedergabe von Informationen aus dem Text
*Impuls:* Schreibe auf, weshalb er die Marke gestohlen hat!

1.3. Geordnete Darstellung üben; Herausfinden der Handlungsträger und deren Eigenschaften
*Impuls:* Lies den Text nochmals. Wie wird den beiden Jungen zumute sein?
Die von den Schülern genannten Eigenschaften werden stichpunktartig an die Tafel geschrieben. Danach werden die Schüler aufgefordert die Eigenschaften zuzuordnen. Das könnte als schriftliche Übung erfolgen, wobei dabei bereits Lernwörter gefestigt werden.

*Tafelbild:*

Ordne zu: ärgerlich, böse, rote Ohren, schimpft, lügt, hat gestohlen

| Jens | Daniel |
|---|---|
| | |

1.4. Übungslesen; Festigung der Kenntnisse über die wörtliche Rede; Lesen mit verteilten Rollen
*Impuls:* Was sagt Jens zu Daniel? Unterstreiche die Sätze. Sprich so, dass man merkt, wie ärgerlich Jens ist!

1.5. Kreativer Umgang mit dem Text:
*Impuls:* Was könnte Daniel tun, um die Sache wieder gerade zu biegen? Schreibe die Geschichte weiter.
Die Geschichte hat noch keine Überschrift. Schreibe eine passende Überschrift.

**2. Rechtschriftliches Einprägen der Lernwörter**

Bearbeitung der Arbeitsblätter 41 und 42

- Schreibe die Wörter in dein Heft.
  Erscheint dir ein Lernwort besonders schwierig, dann kennzeichne diese Stelle!
- Arbeite mit deinem Partner. Nimm ein Abdeckkärtchen zur Hand.
  Nenne ein Lernwort. Prägt es euch ein, deckt es ab und schreibt es aus dem Gedächtnis auf. Kontrolliert gegenseitig, ob ihr richtig geschrieben habt! Nun darf der Partner ein Lernwort wählen. Übt so alle Lernwörter.

Vernetzung mit dem Lernbereich Sprachbetrachten:
Wortbildung mithilfe von Präfixen: AB 41/❹
Satzarten: AB 42/❷
Umstellen von Sätzen: AB 42/❹

| Name: ______________________ | Datum: ______________ | Arbeitsblatt 33 |
|---|---|---|

# Ein Name für eine Brücke

Onkel Hubert wohnt in einem kleinen Dorf. Das Dörfchen liegt am Fuße eines Berges, auf dem vor einigen hundert Jahren eine Kirche errichtet wurde. An Feiertagen wie Ostern, Pfingsten und Weihnachten strömen viele Leute in die Kirche.

Ich besuche meinen Onkel oft. Mit meinem Rad fahre ich eine halbe Stunde. Mein Weg führt über eine schmale Brücke, die wir selbst gebaut haben. Onkel Hubert hat breite Bretter gekauft. Diese habe ich auf gleiche Länge gesägt und vernagelt. Sogar die Jahreszahl des Brückenbaus haben wir darunter angegeben. Nun heißt die Brücke im Volksmund „Hubertbrücke". (17 Lernwörter)

❶ Wie ist die Brücke zu ihrem Namen gekommen? Kreuze die richtige Antwort an.

- ○ Sie wurde nach einem bekannten Politiker genannt.
- ○ Sie befindet sich in der Nähe der Hubertusburg.
- ○ Sie wurde nach ihrem Erbauer benannt.

❷ Im Text sind folgende Lernwörter enthalten:

> Onkel, Dorf, Berg, Ostern, Kirche, strömen, Rad, halbe, Brücke, breit, Bretter, Länge, gesägt, Jahreszahl, heißt, darunter, Volksmund

Suche die Lernwörter im Text und unterstreiche sie mit deiner Lieblingsfarbe.

❸ Betrachte das Bild auf dem Arbeitsblatt. Bilde zu den angegebenen Wörtern die Mehrzahl.

| | |
|---|---|
| Dorf | Dörfer |
| | |
| | |
| | |
| | |
| | |
| | |
| | |

| Name: | Datum: | Arbeitsblatt **34** |
|---|---|---|

❶ Welche Wörter kannst du miteinander verbinden?

❷ Suche aus dem Fehlertext alle falsch geschriebenen Wörter und berichtige sie.

Am Fuße eines Beregs steht eine Kriche.
Viele Leute des Dofres strömen Otsern in die Kirche.
Men Onekl fährt mit seinem Rda.

❸ Suche passende Namenwörter aus deinem Wörterbuch zu **halb** und **breit**.

eine halbe Torte

eine breite Straße

❹ Setze das richtige Lernwort ein.

| | | | | | | |
|---|---|---|---|---|---|---|
| 1 | | | | | | |
| 2 | | | | | | |
| 3 | | | | | | |
| 4 | | | | | | |
| 5 | | | | | | |
| 6 | | | | | | |

1. 1, 2, 3 sind .....!
2. Sie führt über den Fluss.
3. Dort leben weniger Menschen als in einer Stadt.
4. An diesen Tagen kommt der Osterhase.
5. Dort geht man am Sonntag zum Gottesdienst.
6. Von dort kann man ins Tal schauen.

Name: ____________ Datum: ____________ Arbeitsblatt 35

# Pilze als Ordnungshüter

In unseren Wäldern gibt es viele Pilzarten. Bevor man Pilze isst, sollte man sicher sein, dass sie nicht giftig sind. Leichtsinn und Unwissenheit sind lebensgefährlich. Es gibt auch Pilze, die sich zwar äußerlich gleichen, aber unterschiedlich giftig sind. Der Fliegenpilz, erkennbar an seinen weißen Punkten auf rotem Hut, ist in unseren Breiten giftig, wird jedoch in einigen Gegenden im Süden Russlands gesammelt und verkauft. Pilze wachsen zu jeder Jahreszeit. Sogar im Winter findet man die an Baumstümpfen wachsenden Winterrüblinge. Ihre Kennzeichen sind samtige Stiele und gelb bis bräunlich gefärbte Hüte. Pilze, die totes Material zu ihrer Ernährung verwenden, sind sehr nützlich zur Aufrechterhaltung des Gleichgewichtes in der Natur. Sie sorgen dafür, dass Laub und totes Holz wieder abgebaut werden. Diese Funktion erfüllen Speisepilze und Giftpilze in gleicher Weise. (12 Lernwörter)

❶ Im Text findest du folgende Lernwörter:

| |
|---|
| Pilze, Pilzarten, isst, giftig, Punkte, Baumstümpfe, Stiele, gelb, tot, nützlich, Speisepilze, Giftpilze |

Suche die Wörter im Text und unterstreiche sie mit deiner Lieblingsfarbe.

❷ Schreibe die Wörter in dein Heft.
Erscheint dir ein Lernwort besonders schwierig, dann kennzeichne diese Stelle.

❸ Arbeite mit deinem Partner.
Nimm ein Abdeckkärtchen zur Hand. Nenne ein Lernwort.
Prägt es euch ein, deckt es ab und schreibt es aus dem Gedächtnis auf.
Kontrolliert gegenseitig, ob ihr richtig geschrieben habt!
Nun darf der Partner ein Lernwort wählen. Übt so alle Lernwörter.

❹ Im Text findest du das Wort Pilz in mehreren Zusammensetzungen. Schreibe sie ab und bilde weitere.

| Name: | Datum: | Arbeitsblatt **36** |
|---|---|---|

❶ Male die Wortfamilien mit der gleichen Farbe aus.
Schreibe die Wortfamilien geordnet.

| | | |
|---|---|---|
| Punkt | Nützlichkeit | Pünktlichkeit |
| Essen | Gift | er aß |
| giftig | pünktlich | vergiftet |
| nützlich | er isst | unnütz |

❷ Kennst du Pilze? Ordne nach essbar und giftig.

| Speisepilze | Giftpilze |
|---|---|
| | |
| | |
| | |

Steinpilz
Fliegenpilz
Pfifferlinge
Satanspilz
Birkenpilz
Knollenblätterpilz

❸ Stell dir vor, du sollst eine Seite eines Pilzbuches gestalten, auf der Winterrüblinge genau dargestellt werden sollen.

**Winterrüblinge**

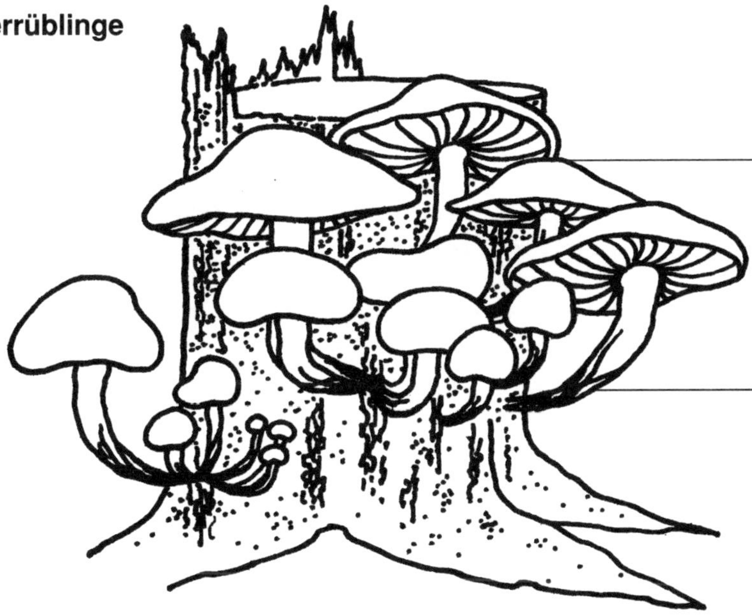

Hut:

Stiele:

Vorkommen:

Wachstumszeit:

Wert: essbar

| Name: ______________________ | Datum: ______________ | Arbeitsblatt **37** |
|---|---|---|

# Mit dem Taxi durch Berlin

Am vergangenen Wochenende fasste unsere Familie den Entschluss einen Ausflug nach Berlin zu machen. Mutti meinte: „Unser Auto parken wir am Stadtrand und fahren mit dem Taxi weiter." Sie ging zum Telefon und wählte die Nummer der Taxizentrale. Auf einem Parkplatz parkten wir unser Auto. Der Taxifahrer fragte uns, welche Sehenswürdigkeiten er uns zeigen sollte. Zuerst fuhren wir zum Wahrzeichen Berlins, zum Brandenburger Tor. Dann besuchten wir den Zoo. Dort gefiel es mir sehr gut, weil die Tiere nicht in engen Käfigen leben müssen. Auf einem Schild las ich den Text: „Bitte nicht füttern!" Die Tierpfleger achten sehr darauf, dass die Tiere das richtige Futter fressen. Am Nachmittag fuhren wir zum Schloss Sanssouci in Potsdam. (16 Lernwörter)

❶ Welche Sehenswürdigkeiten gibt es in und um Berlin?

- O Brandenburger Tor
- O Eifelturm
- O Tierpark
- O Schloss Sanssouci

❷ Im Text findest du folgende Lernwörter:

Taxi, fasste, parken, wählte, Parkplatz, welche, Wahrzeichen, gefiel, eng, Käfig, Zoo, Text, Tierpfleger, fressen, Schloss

Suche die Wörter im Text und unterstreiche sie mit deiner Lieblingsfarbe. Schreibe sie in dein Heft.

❸ Im Text findest du das Wort **Taxi** in zusammengesetzten Namenwörtern (Substantiven). Schreibe sie ab. Bilde noch andere Zusammensetzungen mit **Taxi**.

Funk

? —  — Haltestelle

| Name: | Datum: | Arbeitsblatt **38** |
|---|---|---|

❶ Suche die passenden Tunwörter (Verben) und Namenwörter (Substantive).
Ergänze die Begleiter (Artikel).

| | |
|---|---|
| der | parken |
| Telefon | |
| Schloss | |
| Fressen | |
| Wahl | |
| | pflegen |

❷ Vervollständige die Tabelle mithilfe deines Wörterbuches.
Zeichne farbig an, worauf du besonders achten musst!

| Gegenwart | Vergangenheit | Grundform |
|---|---|---|
| er | er fasste | |
| er | er | wählen |
| es mir | es mir | gefallen |
| er | er | fressen |
| ich parke | ich | |
| sie | sie | schließen |

❸ Suche im Wörterbuch verwandte Wörter zu **wahr** und schreibe sie auf.
Zeichne den Teil, der bei den Wörtern gleich bleibt, farbig an!

**Wahr**zeichen

❹ Du kommst von einem Besuch aus dem Zoo nach Hause. Welche Fragen könnte dir deine Mutter stellen?
Verwende das Fragewort „Welche?". Achte auf die Satzzeichen.

Welchen Bus hast du genommen?

| Name: | Datum: | Arbeitsblatt 39 |
| --- | --- | --- |

# Arznei, die keinen Pfennig kostet

Alte Hausmittel sind bei vielen Beschwerden hilfreich und ohne schädliche Nebenwirkungen. Schon unsere Vorfahren linderten damit manche Krankheiten. Viele Heilkräuter sind in Vergessenheit geraten. Gesammelt werden Blüten, Beeren oder Wurzeln der Pflanzen. Die gesammelten Kräuter sollte man waschen und abtropfen lassen. Zum Trocknen hängt oder stellt man sie nicht an einen sonnigen Platz, sondern in den Schatten. Wenn die Apfelbäume blühen, kann man die Blüten sammeln. Tee aus Apfelblüten hilft bei Schnupfen, Husten und Fieber. Vorsichtig abzupfen kann man die Blüten der Linde. Bei Hautentzündungen helfen feuchte Umschläge mit Lindenblütentee. Getrocknete Heidelbeeren helfen bei Durchfall. Zur Blutreinigung sollte man Erdbeeren essen. Mag man sie nicht roh, kann man sie mit Quark zu einer leckeren Quarkspeise mixen. Man kann auch Samen von Kräutern kaufen und sich im Garten ein Beet anlegen. Geeignet dazu wären Bohnenkraut, Liebstöckel, Dill und Majoran. (16 Lernwörter)

❶ Schreibe auf, mit welchen Heilkräutern man diese Krankheiten lindern kann! Die Antwort findest du im Text.

Schnupfen, Husten, Fieber: ____________________

Hautentzündungen: ____________________

Durchfall: ____________________

Blutreinigung: ____________________

❷ Wie sollte man die Heilkräuter nach dem Sammeln behandeln? Kreuze die richtige Antwort an.

- ○ Man hängt die Kräuter an einen sonnigen Platz, damit sie rasch trocknen.
- ○ Man legt die Kräuter in einen kühlen Keller, damit sie recht lange frisch bleiben.
- ○ Man hängt sie in den Schatten, damit sie langsam trocknen.

❸ Im Text findest du folgende Lernwörter:

Pfennig, Blüten, Beeren, Pflanzen, abtropfen, sonnig, blühen, abzupfen, feucht, Heidelbeeren, Erdbeeren, Quark, mixen, Samen, Beet, Bohnen

Suche die Wörter im Text und unterstreiche sie mit deiner Lieblingsfarbe. Schreibe sie in dein Heft.

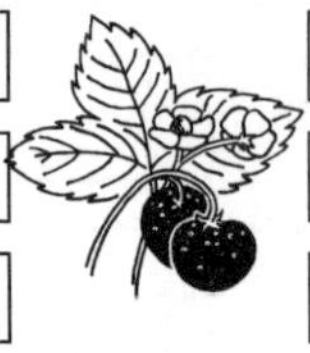

| | | |
| --- | --- | --- |
| Pflanzen | Tropfen | anfeuchten |
| abtropfen | Feuchtigkeit | sonnen |
| feucht | sonnig | ich pflanzte |
| Sonne | gepflanzt | es tropfte |

Male die Wortfamilien mit der gleichen Farbe aus. Schreibe die Wortfamilien geordnet.

| Name: | Datum: | Arbeitsblatt **40** |
|---|---|---|

❶ Ergänze die fehlenden Wörter. Finde die richtigen Überbegriffe für die Wortlisten.

| | |
|---|---|
| | |
| Blüten | blühen |
| die Pflanzen | |
| das Zupfen | |
| | sonnen |
| | mixen |
| | anfeuchten |

❷ Im Schulgarten

Beete anlegen

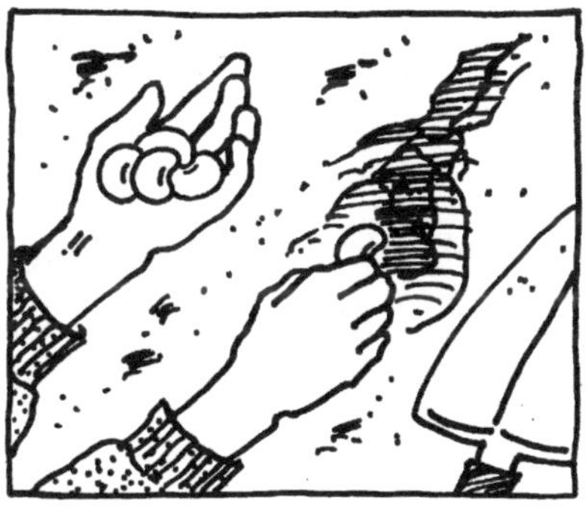

5 Bohnensamen kreisförmig aussäen, Abstand etwa 40 cm

Pflanzen gießen

zuerst, dann, danach, anschließend, wenn, nun, jetzt, später, häufig, oft, mehrmals

Schreibe auf, welche Tätigkeiten die Kinder im Schulgarten verrichten! Die Stichpunkte helfen dir dabei. Gib den Kindern Namen. Vermeide Wiederholungen am Satzanfang.

| Name: | Datum: 30.04. | Arbeitsblatt 1 |
|---|---|---|

Jens reißt die Tür auf und stürmt ins Zimmer. Er schimpft mit seinem Bruder Daniel und wirft ihm einen scharfen Blick zu: „Das darf doch nicht wahr sein! Weißt du eigentlich, was du gemacht hast?“ Daniel bekommt rote Ohren. Er kämpft mit den Tränen. Seine Zunge ist wie gelähmt. Er findet keine Worte, sein Kopf ist leer. Es ist zwecklos zu lügen. Er darf die Schuld nicht auf andere schieben. Daniel hatte heimlich eine Marke aus dem Briefmarkenalbum seines Bruders gestohlen und gegen einen Schlüsselanhänger eingetauscht. Es ist verständlich, dass Jens jetzt böse ist. Daniel hätte daran denken müssen. Vielleicht lässt sich sein Fehler berichtigen und er kann die Sache wieder gerade biegen.

❶ Lies den Text still und finde heraus, weshalb Jens verärgert ist! Kreuze die richtige Antwort an.

- ○ Sein Bruder hat alle Süßigkeiten aufgegessen.
- ○ Daniel hat seinen Bruder belogen.
- ○ Daniel hat eine Briefmarke aus dem Album seines Bruders gestohlen.

❷ Im Text findest du folgende Lernwörter:

reißt, stürmt, schimpft, scharf, wahr, eigentlich, Ohren, kämpft, gelähmt, leer, lügen, schieben, Marke, Schlüsselanhänger, gestohlen, böse, berichtigen, biegen,

Suche die Wörter im Text und unterstreiche sie mit deiner Lieblingsfarbe. Schreibe sie in dein Heft.

❸

| | | |
|---|---|---|
| reißen | stürmen | gebogen |
| Sturm | Riss | verschärft |
| scharf | Bogen | stürmisch |
| biegen | Schärfe | zerrissen |

Male die Wortfamilien mit der gleichen Farbe aus.
Schreibe die Wortfamilien geordnet auf.

❹ Bilde neue Wörter mit der Vorsilbe **ge-**.
Bei einigen Wörtern musst du unbedingt dein Wörterbuch zu Hilfe nehmen!

| | | | |
|---|---|---|---|
| gekämpft | – kämpfen | biegen | – gebogen |
| ______ | – reißen | lügen | – ______ |
| ______ | – stürmen | schieben | – ______ |
| ______ | – schimpfen | scharf | – ______ |
| ______ | – stehlen | lahm | – ______ |

| Name: | Datum: 2. 05. | Arbeitsblatt **42** |
|---|---|---|

❶ Bilde zusammengesetzte Wörter. Schreibe sie in dein Heft.

❷ Deine Mutter fragt dich:

Hast du dein Diktat berichtigt?
Hast du daran gedacht
Hast du mich belogen
Hast du die Wahrheit gesagt

Setze die fehlenden Satzzeichen.

Deine Mutter fordert dich auf:

Berichtige dein Diktat!

Schreibe die Sätze als Aufforderung!

❸ Suche aus dem Wörterbuch passende Substantive zu den Adjektiven.

| leer | böse | wahr |
|---|---|---|
| leere Teller | böse Hexen | wahre Geschichten |

❹ Stelle den Satz um. Wie viele Möglichkeiten hast du?

Eigentlich wollte ich jetzt zu meiner Freundin gehen.

## 5. Lernkontrolle

Übersicht über die Lernwörter der 5. Übungseinheit:

*17. Übungstext:* Onkel, Dorf, Ostern, strömen, Rad, halb(-e), Brücke, breit, Brett, lang (Länge), sägen, heißen, Volk

*18. Übungstext:* Pilze, isst (essen), giftig, Punkt, Stumpf, Stiel, gelb, tot, nützlich, Speisepilze, Giftpilze, Pilzarten

*19. Übungstext:* Taxi, fassen, parken, Telefon, wählen, welche, Wahrheit, fiel (fallen), eng, Käfig, fressen, Text, pflegen, Schloss, Zoo, Parkplatz

*20. Übungstext:* Pfennig, Blüten, Beeren, Pflanzen, tropfen, sonnig, blühen, Blüten, zupfen, feucht, Heidelbeeren, Quark, mixen, Samen, Beet, Bohnen

*21. Übungstext:* reißen, stürmen, schimpfen, scharf, wahr, leer, eigentlich, Ohr, kämpfen, lahm (gelähmt), Lügen, schieben, Marke, stehlen (gestohlen), Schlüssel, böse, daran, berichtigen, biegen

Vorschlag für die 5. Lernkontrolle:

### Wo ist Hansi?

Karin hat einen gelben Kanarienvogel. Er heißt Hansi. Sie hat ihn von ihrem Onkel geschenkt bekommen. Den lieben langen Tag hüpft er in seinem Käfig auf und ab. Jeden Morgen erhält er frisches Wasser und genügend zu fressen. An sonnigen Tagen hängt Karin den Käfig auf den Balkon. Hansi zupft sein Federkleid zurecht und trällert fröhlich. Wenn er die Katze sieht, schimpft er böse. Einmal hatte Karin das Schloss nicht richtig verschlossen. Als sie nach Hause kam, war der Käfig leer.

Aufgabe: Schreibe die Geschichte weiter.
Verwende 15 Wörter, die zum Inhalt passen und die du sicher schreiben kannst!
Benutze das Wörterbuch. Zweifelst du an der Richtigkeit mancher Wörter? Verschaffe dir Gewissheit.

Zusammensetzung der Lernkontrolle:

84 Wörter: 8 neue Wörter (umrahmt)
13 Lernwörter aus der 5. Übungseinheit (grau unterlegt)
62 Wörter des Grundwortschatzes zurückliegender Unterrichtseinheiten

### Quellenangaben

(1) Vorläufiger Lehrplan des Landes Thüringen für die Grundschule/Deutsch

(2) Gudrun Spitta: „Eigendiktate – Übungen zum spontanen Schreiben unter Berücksichtigung der Rechtschreibung“ in Beiträge zur Reform der Grundschule 56/57 vom Arbeitskreis Grundschule e. V.

Text 18: nach „Berge und Wälder“; Silvia-Natur-Bibliothek nach „Pilze – die wichtigsten Speise- und Giftpilze“ Gerlinde Hausner; BLV Verlagsgesellschaft mbH München

Text 20: nach „Heilkräuter – Modernes Lexikon der Pflanzen und Anwendungen“; Gerhard Leibold; Falken Verlag.